中华文明

艺术卷

李北山　著

泰山出版社 · 济南 ·

图书在版编目（CIP）数据

小天下·中华文明．艺术卷 / 葛剑雄主编；李北山著．—济南：泰山出版社，2021.8

ISBN 978-7-5519-0551-0

Ⅰ．①小… Ⅱ．①葛… ②李… Ⅲ．①中华文化—青少年读物②艺术史—中国—青少年读物 Ⅳ．①K203-49 ②J120.9-49

中国版本图书馆CIP数据核字（2021）第085162号

小天下·中华文明　艺术卷

XIAO TIANXIA · ZHONGHUA WENMING　YISHU JUAN

策　　划　胡　威
主　　编　葛剑雄
副 主 编　谭好哲
著　　者　李北山
责任编辑　武良成
装帧设计　路渊源

出版发行　泰山出版社
社　　址　济南市泺源大街2号　邮编　250014
电　　话　综　合　部（0531）82023579　82022566
　　　　　市场营销部（0531）82025510　82020455
网　　址　www.tscbs.com
电子信箱　tscbs@sohu.com
印　　刷　山东通达印刷有限公司
成品尺寸　148毫米×210毫米　32开
印　　张　8
字　　数　139千字
版　　次　2021年8月第1版
印　　次　2021年8月第1次印刷
标准书号　ISBN 978-7-5519-0551-0
审 图 号　GS（2021）5059号
定　　价　36.00元

总序

这套丛书命名为《小天下》，自然是出于孟子的话："孔子登东山而小鲁，登泰山而小天下。"孟子的意思很明白，登高才能望远，才能望遍。就是孔子这样的圣人，也必须借助高度，才能超出正常视力的极限。如果只登上高度有限的东山，至多只能看到鲁国的全貌；只有登上当时人心目中的最高峰——泰山，才能阅尽天下。

时至今日，我们早已明白，孔子、孟子心目中的最高峰泰山离地球上的最高峰差距甚大，就是能登上珠穆朗玛峰，能看到的也只是地球这个"天下"的极小部分。只有登上宇宙飞船，并且还得借助特殊的工具，从外太空才能看到地球的全貌。但此话的哲理完全正确，古今不易。所以我们编这套丛书的目的就很明确——为我们的读者提供登上东山、泰山，以至珠穆朗玛峰的阶梯，使他们能不断扩大视野，一步一步“小天下”。

我们主要的读者对象，是高中生、大学生或相应文化程度的青年，也就是说，这套书是适合他们的阶梯。

“书山有路勤为径，学海无涯苦作舟。”韩愈这两句话流传了一千多年，一直是激励青少年刻苦求学的名言。但到了今天，光靠勤和苦已经攀不上书山，渡不过学海了。因为这座书山过于高大，并且每时每刻在增高扩大；这片学海过于浩瀚，并且分分秒秒在拓宽加深。如果一味只讲勤和苦，以一个人有限的时间、精力和生命，也许只是在山麓徘徊，在海滨徜徉。唯有找到了阶梯，又具备攀登的实力；发现了渡船，又有了正确的导航；方能如愿以偿，接近顶峰，靠近彼岸。

人类积聚到今天的全部知识和学科，基本可以分为两类——人文和科学。我们提供的阶梯也就包含这两个部分，有的书侧重于人文，有的书基本内容是科学，有的书两者兼顾。但无论哪一种，都不是哪一门学科知识的简单延伸或扩展，都不是某门课的教学辅导书或什么解题宝典，而是人文与科学的结合。我们的读者，无论他们今后从事何种工作，选择什么专业，发挥哪方面的作用，在社会上处在什么地位，都需要奠定这两方面的基础。就人文而言，重要的是通过哲学、历史、文学、艺术、美学等学科的学习，确立基本的价值观念、审美情趣、生活方式、理想信念，而不仅仅是具体的知识。就科学而言，重要的是通过对自然科学、社会科学主要领域的学习，掌握基本的逻辑推理、归纳综合、分析思维的能力，而不仅仅是具体的概念。

正因为如此，我们的选题并不对应于高中、大学的课程，也不求覆盖全部学科，而是选择了一些关键性、综合性，特别是我们的读者最需要的一些专题，陆续出版。首批的各卷分别是国家、民族、军事、商业、思想、文学、艺术、民俗，后续各卷将分批出版。“小天下”的阶梯将不断升高，不断增宽。

我们的作者都是优秀的学者、教师，尽管他们自己未必已达到一流水平，但要求他们必须应用本专业、本领域的一流成果、权威结论。还要求他们用读者喜爱的表达方式、能明白的语言，像老师与同学们谈心聊天那样来写这套书。我们更希望在这套书问世以后，作者能走进校园，走向社会，与读者们交流，了解他们的需求，听取他们的意见，不断修订完善，使“小天下”的阶梯愈益精良坚实，也使阶梯的使用者持续增多。

葛剑雄

目录

绪 论

穿过5000年的时光，我们依然能够“看到”——我们的先民在天地间舞蹈：他们手拉手，他们在太阳下，他们在月亮下，他们在水边，他们在火边，踏着欢快的节拍起舞。他们头上的发辫、他们身上的衣饰随风舞动……他们的舞姿被一位陶工定格在一件陶器之上：舞者五人一组，三组绕盆一周，以平行竖线和叶纹间隔，上下则勾以弦纹，上部一道，下部四道，看上去他们就像在舞台上演出一般。他们均面向右前方，显示出准确的节拍和一致的步调，头饰与衣饰的飘动，增添了舞蹈的动感。每一组中最外侧两人的外侧手臂均画出两根线条，好像是为了表现臂膀在频繁地摆动的样子。这件陶器将沉睡于地下，直到有一天重现。

艺术将现在和遥远的过去联结在一起，它还将通向更加

马家窑文化遗址出土的舞蹈纹彩陶盆

遥远的未来。

这一件来自新石器时代的器物，已经向我们展现了最初的中国的艺术——既有制器的手工技艺，也有绘画，有舞蹈，有音乐，也有诗的歌唱。当我们以现代艺术的观念看待这样一件器物，文学和戏剧也在其中萌芽。我们看到人的生活世界，同时看到他们欢愉的精神世界。

从脱离蒙昧开始，中国人就在这片广袤的大地上繁衍生息，创造了辉煌的历史和灿烂的文化。英国哲学家罗素说："中国与其说是一个政治实体，还不如说是一个文明实体——一个唯一幸存至今的文明。"艺术是中华文明中最为璀璨而活泼的部分。我们今天看到的艺术并非一直都"如其所是"。每一种艺术都有着漫长的生命历程，它吸收每一个时代的精神，融会不同的文化，受到思想的、政治的、科技的甚至那些伟大的人物的影响。在时间的长河中，有的艺术消亡，有的艺术蜕变，有的艺术则始终保持着它恒久的生命力……直到今天，我们看到的这些无与伦比的中国艺术。

在我们准备认识并试图理解中国的艺术之前，我们有必要了解艺术的起源，这是所有人类艺术所面临的共同的第一问题。因此，本书第一章即从远古中国的历史中和原始艺术的遗存中思考艺术是如何起源的。本书第二章则梳理了中国艺术的简要的历史，并在西方艺术分类和丰子恺先生“艺术十二境”的基础上重新提出了中国化的艺术分类，这能够让我们更好地理解中国艺术。其后各章，即从中国传统文化的惯常角度，对一些重要的艺术门类进行介绍：第三章介绍音乐；第四章介绍书法；第五章介绍中国画；第六章介绍瓷器——瓷器是“工艺”之一种，中国的工艺异彩纷呈，瓷器无疑是最具代表性的，它一度是“中国”的代名词；第七章介绍建筑，建筑既是各类手工技艺，也是书法、绘画等纯粹艺术的集大成者，无论从布局、营造还是修饰，无不展现着中国文化的精神；第八章介绍戏剧，这是艺术塑造中国人生活的最重要的门类，它将文学和音乐、歌舞的传统带入民间，将教化和娱乐融为一体。

我们会发现，中国艺术自有其概念和范畴，书法、绘画、歌舞、戏曲、曲艺、石雕、泥塑、金石、瓷器等，都以其作品的呈现形态来加以界定，而且，这些艺术形式之间从来都不是割裂的，而是在文化的统领下有机地融合在一起。例如瓷器，它是集合工艺、雕塑、书法、绘画等各种艺术形式于一体的一种器物；例如绘画，尤其是文人画，讲究诗、书、画、印的结合，诗是文学，书是书法，画是绘画，印是篆刻——篆刻属于金石的范畴，但它同时又是书法的延展，是书法和雕塑的一种结合形式。同样，书法与雕塑的结合还呈现为陶器、碑刻，从彩陶器到青铜器到秦砖汉瓦再到魏碑，无一不有书法的参与。歌舞、戏曲、曲艺中都有文学，当然也有音乐，有舞蹈——音乐和舞蹈又与中国书法、绘画彼此影响，例如对线条的抽象、对气与势的体现。在中国的传统中，诸艺相通，这是因为所有的艺术既是文化的构成，也是文化的展现。艺术所展现的，是中国文化的根本精神，例如天人合一、道法自然、秩序与共性等。黑格尔认为中国艺术的本质只有那些非中国人才能了解和描绘，由此而产生了书写中国艺术的特殊方法："它通常以牺牲变化为代价而强调连续性，以牺牲同一事物有争议的用途为代价而强调和谐性，以牺牲差异性为代价而强调必要的同质性。更确切地说，是强调中国与'西方艺术传统'的差异，而在中国实践领域里跨时空的差异性显得不是那么重要。"中国人自己的艺术研究显然也忽略了"中国实践领域里跨时空的差异性"，这种差异既是时间的（历史），也是空间的（地域）。正是这一特质，才使得我们的艺术的历史是活态的、连续的，使我们既看到艺术在文化中的演变，也看到艺术对文明的塑造。

第一章

艺术的起源

早在北宋时期，北京周口店一带就出产“龙骨”。

所谓“龙骨”，其实是人类祖先和与他们同时代的动物的化石。1927 年，我国的考古人员对周口店北京人遗址进行了大规模的考古发掘。一个刚从北京大学地质系毕业的年轻人加入到考古队伍中来，他就是后来成为著名考古学家的裴文中。

1928 年年底，周口店龙骨山遗址发掘触及一处坚硬的岩层。按照常理，这意味着考古工作已近尾声，很难再有新的发现。主持工作的几位外国学者先后离去，留下裴文中负责扫尾工作。裴文中有一种直觉，在这岩层下还埋藏着更大的秘密。

裴文中一直坚持到 1929 年的 12 月，天气变得寒冷，野外工作已经无法继续开展。工作人员在做最后的清理工作时，却突然发现了一个小洞，洞口狭窄，仅容一人出入。12月2日下午4时，裴文中腰系绳索下到洞中，在天寒地冻中继续挖掘。突然传来他惊喜的喊叫："是猿人！"——他发现了一个猿人的头盖骨，一半已露出地面，另一半还埋在硬土里。裴文中小心地把这第一个北京人头盖骨化石完全挖出土，脱下上衣把它包裹起来，像抱着一个婴儿似的，小心翼翼地走回办公室。第二天，他向北京发了一封在中国乃至整个世界考古史上最为著名的电报："顷得一头骨，极完整，颇似人。"

这就是轰动世界的北京猿人！这一年，裴文中25岁。

第一个北京人头盖骨的发现揭开了世界古人类研究的新纪元，同时使得周口店龙骨山的考古工作继续下去。1930年，在裴文中的主持下，考古人员在周口店遗址顶部的山洞中发现了一处新的人类遗址，这就是著名的山顶洞人遗址。

北京人生活在距今约70万年至20万年，山顶洞人则生活在距今3万年左右。

北京人还保留了猿的某些特征，但手脚分工明显，能打制和使用工具，会使用天然火，被考古学家认为是第一个学会保存火种的人，而且，他们可能食人。人类学家肯瑞德·洛伦兹说："北京人，这第一个学会保存火种的普罗米修斯，用火来烧烤自己的兄弟们。在最早日常用火的痕迹旁，是残缺不全的、烤过的中国猿人北京种自己的骨头。”会使用天然火、打制工具，人类第一次取得了一种支配自然力的能力。

北京人将石块敲打成粗糙的石器——这些工具被我们视为原始的艺术品。

到了山顶洞人的时期，人们不仅能够打制更精巧的石器，而且会利用更多的原材——比如动物的骨骼和角——来制作工具和饰物，还发明了钻孔、刻画等复杂的工艺，并且懂得埋葬死者——山顶洞人遗址中发现了中国迄今所知最早的埋葬方式。骨针是其中最有代表性的骨角器，针孔由小而细锐的尖状器挖成，针身微弯，刮磨得很光滑。它是发现的中国最早的缝纫工具。山顶洞人的装饰品已经非常丰富，有穿孔的兽牙、海蚶壳、小石珠、小石坠、鲩鱼眼上骨和刻沟的骨管等。那些孔眼已磨光甚至变形，证明人们曾长期佩带这些饰物。其中最精巧的是 7 颗小石珠，原料为白色石灰岩，形状不规则，大小相近，最大的直径为 6.5 毫米，孔眼由一面钻成，珠表面被染成红色。它们都散布在头骨附近，可能是头饰。

山顶洞人能够在磨光的鹿角和鸟骨上刻画疏密不同的线痕。这些简单的线痕实在很不简单，它可能是一种记事的方式，或者在表达某种意义，而且显然具有装饰的意味。通过这些发现，我们可以推断，那时候中国人的祖先在制造工具的同时，已经通过钻孔、磨光及刻画等技艺展现出美的意识和艺术的观念。

远古人类的生活让我们思考：艺术是什么？艺术是如何起源的？这些问题被提出之前，我们似乎还能够理解艺术，可问题一旦被提出，艺术就成为一个令我们迷惑不解的难题。我们可以通过回答更具体的、更小的问题来思考这些抽象的大问题。比如，在以上的例子中，我们会问：北京人头盖骨是艺术吗？我们会回答：当然不是！北京人的石斧是艺术吗？很多人犹豫不决。山顶洞人的骨制饰品是艺术吗？尽管还在犹豫不决，但大部分人会说：是。那么，山顶洞人对红色的选择是不是一个审美的过程？当然是！将饰品的穿孔染为红色是否就是一种艺术行为？或许是……这些或肯定或否定或模棱两可的回答有助于我们思考关于艺术的问题。事实上，这种思考直到今天仍在继续，而且必定会一直继续下去。关于艺术的很多问题，不会有标准答案，我们只能通过思考，接近艺术的本真。

德国艺术史家格罗塞说："人体的原始装饰的审美光荣，大部分是自然的赐予；但艺术在这上面所占的意义也是相当的大。"① 山顶洞人用骨针缝制衣物，他们爱美，用各种饰物

① ［德］格罗塞：《艺术的起源》，蔡慕晖译，商务印书馆，2017，第77页。

装扮自己。他们的装饰品的穿孔几乎都带有赤铁矿颜料染过的红色，他们在死去的人的尸体旁撒上赤铁矿粉，这是他们对色彩的感知和应用，想象与理解——他们或许由这种红色联想到血，和生命连接在一起；或许由这种红色联想到火，这是他们生存的重要凭借，代表着生存和温暖……于是，山顶洞人对红色的应用，就成为一种原始的宗教仪式，成为一个从物质到精神的转化过程。艺术的观念能够让我们理解他们的行为：他们在死者周围撒上红色的赤铁矿物，是希望死者能够复活，或者得到温暖。

第一节　与生俱来的艺术

在回答“艺术的起源”这个问题之前，我们有必要了解：我们今天所看到的最早的艺术是什么？

这是一个难题，因为时间太过久远，我们只能通过那些偶然发现的艺术——那些极少的凭借坚硬而不易腐烂变质的物质材料（如石头、陶器、玉器等）作为媒介的艺术品，来研究艺术的起源问题。原始时代的石器、岩画、陶器和玉器等在一定条件下才有可能遗存到数千年乃至上万年之后的今天，其他类型的原始艺术形式，如神话、音乐、舞蹈等，都无法长久地保存下来，或者，这些艺术会在传承中不断演变，而改变其原本的思维方式。因此，今天我们所能观察到的那些“最早的艺术”变得至关重要。它们既存在于考古发掘中，也存在于艺术理解中。

一、艺术源于生活

关于艺术的起源，艺术学家和美学家们历来众说纷纭，莫衷一是。

有人说艺术起源于模仿，有人说艺术起源于游戏，有人说艺术起源于巫术，有人说艺术起源于劳动，有人说艺术是人的生物本能，有人说艺术是情感表现……其中“模仿说”是历史上最早被提出，并长期占据统治地位的关于艺术起源的理论。

模仿说认为艺术起源于人类模仿自然和现实生活的本能冲动，认为所有艺术都是模仿的产物。远在两千多年前，古希腊哲学家德谟克利特就认为艺术是对自然的“模仿”。他说：“在许多重要事情上，我们是模仿禽兽，做禽兽的小学生的。从蜘蛛我们学会了织布和缝补，从燕子学会了造房子，从天鹅和黄莺等歌唱的鸟学会了唱歌。”古希腊哲学家亚里士多德在人类思想史上第一个以独立体系来阐明这一问题，他认为，艺术是对现实的“模仿”。人的模仿行为表现在两个方面：一方面表现在模仿大自然上；另一方面是对人类自身行为的模仿，表现为对祖先行为的承传、行为的模仿和小孩对成人及其他人行为的模仿。

模仿说肯定了艺术来源于客观的自然界和社会现实，但没有揭示事物的本质。对于艺术来说，“模仿”更多的是一种方法，而不是目的。芬兰的艺术史学家希尔恩被认为是“艺术起源于劳动”说的代表人物，其实，他认为是人类生活中的六种冲动导致了艺术起源和审美的发生，它们分别是知识传达、记忆保存、恋爱、劳动、战争和巫术。他曾探讨过原始舞蹈与交感巫术的联系：“当北美印第安人，或卡菲尔人，或黑人在表演舞蹈时，这种舞蹈全部都是对狩猎活动的模仿……这些模仿有着一种实践的目的，因为世界上的所有猎人都希望能把猎物引入自己的射程之内，按照交感巫术的原理，这是可以通过模仿来办到的。因此，一场野牛舞，在原始人看来就可以强迫野牛进入猎人的射击距离之内来。”① 可见希尔恩还是强调了艺术“模仿”是一种艺术的手段，是“艺术如何表现”的问题，同样，“艺术表现什么”也很重要，“艺术为什么”同样重要，甚至更重要。

所以说，艺术起源于模仿，起源于游戏、巫术、劳动，

① 转引自童兖：《艺术学十讲》，厦门大学出版社，2014，第53页。

或者说是人的生物本能，是情感的表现，这些提法统统证明艺术的发生是多元的。就像俄国文艺理论家车尔尼雪夫斯基在《艺术对现实的审美关系》中提出的：艺术来源于生活，却又高于生活。这一论断不一定完全适用于“艺术”概念本身，但却适用于“艺术的起源”这一命题。生活本身既是人的生存实践也是文化的综合体。原始艺术是原始社会的生活在先民头脑中的反映的产物。原始先民在根据现实生活中的客体和事象创造艺术形象时，就把他们对客体和事象的感知注入其中。

艺术在早期人类和原始民族那里，也是生活中必不可少的一部分。人类的祖先——从他们能够成为人开始，无论他们的生产水平多么低下、生活多么单调，他们的活动中都已经滋生出美的意识，并开始加以运用了。人类学家雷蒙特·弗思说：“通常认为，经济是必不可少的，而艺术则是奢侈的。然而，根据经验我们却能够断定艺术在人类社会史中的普遍性。一万年前，或许再早一些，旧石器时代的人就有了雕像和洞穴绘画，其中有些至今为我们所保存，其精湛的工艺、娴熟的技巧博得现代艺术家们的赞叹。艺术既然出现在这最险恶的自然环境里，那么就很容易反驳那种认为在人类存在的原始阶段，生计这个主题支配着人类的生活，从而使艺术遭排斥的观点了。”因此，我们不妨这样理解，艺

人面鱼纹彩陶盆

术是随着人的出现而自然产生的，它是人与生俱来的能力。当然，它的产生只是一种原初的形态，首先呈现为一种手工技艺的方式，就像从北京猿人粗糙的石斧到山顶洞人精致的骨针，再到仰韶文化中的人面鱼纹彩陶盆一样，它要随着人类文化的发展而不断发展。

手艺是一种人的本能的训练，它使艺术创造成为可能。法国史学家丹纳认为，发现和控制主要特征是人类的高级形态，是人类区别于动物的值得尊敬的才能。科学与艺术是人类文明的双翼，也是主要特征的表现之一。科学以定义和公式表现，艺术以审美与情感表现。手艺恰恰是通过训练眼力和手力来实现对事物的主要特征的“发现和控制”。

艺术的灵魂并非手艺本身，而是其中所蕴含的人的情感。这些情感也许是渴望的、祈求的，比如原始歌舞。美国美学家托马斯·门罗在《艺术的发展及其他文化史理论》一书中指出，原始歌舞常常被原始人用来保证巫术的成功，祈求下雨就泼水，祈求打雷就击鼓，祈求捕获野兽就扮演受伤的野兽，等等。这些情感也许是恐惧的，就像仰韶文化中的人面鱼纹彩陶盆，人面鱼纹往往被认为是象征了巫师请鱼神附体，为夭折的儿童招魂；这些情感也许是愉悦的，就像山顶洞人对饰品的热爱……所有的情感最终都指向对美的审视，艺术就成为一种审美的活动。格罗塞认为，在它的过程中或直接结果中，有着一种情感因素——艺术中所具有的情感大半是愉快的。所以，直接得到快乐，是艺术活动的特征。

二、人的创造

综上所述，艺术的起源可理解为是基于人的本能的理性表达。

在艺术领域，“本能”既是情感的表达，又意味着艺术的“本体性”，即人的主导性；“理性”则是文化的表现和技术的规范。格罗塞说，艺术的起源，就在文化起源的地方。一个民族的文化形式，不论水平的高低，总是能很好地在其艺术上体现出来。比如舞蹈，一定是人类最早的艺术形式之一，手舞足蹈、玩耍、游戏等是一种普遍的动物本能。人脱离蒙昧开始，就将这些动作规范化和程式化——这一过程是一种理性表达的过程。舞蹈过程中往往会伴有声音的表演。声音也是一种本能，但伴随着语言的出现，声音才进入了一种理性表达的过程。在声音的基础上又产生了歌唱。当人学会了用手，学会了使用工具，他们就能够模仿和表现，于是就有了各种手工艺，以至于模仿自然和人的绘画。当人们开始学会创造文字——用刻符来表现自然和语言的时候，于是就有了书写。书写本身就有着艺术追求的一面，随着文字的成熟和书写的规范，又产生了纯粹的书法艺术。

人既是“理性的人”，又是“制造的人”，也是“游戏的人”。“理性”“制造”“游戏”，皆是人的本能，休闲娱乐是人的精神需求和人性行为，这些行为会被纳入理性的轨道，于是艺术就产生了。

首先，艺术是人的创造。尽管北京人头盖骨是我们的国宝，价值重大。作为古人类化石，它为中国旧石器时代的考古学搭建起了一个相对完整的框架，翻开了人类学研究史的全新一页。但它不是艺术品。艺术必须是人的创造。

清代书法家邓石如曾经写过一幅长联——

沧海日，赤城霞，峨眉雪，巫峡云，洞庭月，潇湘雨，彭蠡烟，广陵涛，庐山瀑布，合宇宙奇观，绘吾斋壁。

少陵诗，摩诘画，左传文，马迁史，薛涛笺，右军帖，南华经，相如赋，屈子离骚，收古今绝艺，置我山窗。

上联所写中国的经典的景观，自然的奇山异水、风云日月，它们是美的，但我们不会称之为艺术品。我们有时候会称之为“鬼斧神工”，称之为“大自然的杰作”，但这只是一种形象的比喻，将大自然人格化为一个艺术家。真正的艺术家是人，艺术是人对这些美的描绘。北京人头盖骨只是自然（进化）的结果，而那些石制的工具，尽管它们是粗糙的，却是人利用自然原材创造的，人打磨那些石头，根据内心的形象塑造它们，又根据使用的经验不断改进它们。人不仅追求实用，而且追求美观，这是手工艺的开始，体现了人的技巧和对美的探索。

其次，艺术是对美的探索。审美是根据美的标准创造美和欣赏美的过程，对美的探索则是寻求新的标准形成的过程。不同的地方、不同的时代，美的标准是有所不同的。

最后，艺术是一种理性的表达。这种表达也可以是反理性的。但在这种对理性的反叛或者颠覆的同时，也是在试图确立一种新的理性的表达方式。我们可以设想，一头狼在夜晚的山巅对着一轮明月嗥叫，这是一个野兽的呼唤；一个喜欢仰望星空的原始人，在一个黑夜，也突然在山巅对着月亮嗥叫，这是一种野性的呼唤。一头狼的嗥叫是动物的本能，一个人的嗥叫却是人的情感。这第一个望月嗥叫的原始人喜欢上了这种行为，他经常在黑夜爬上山巅，对着月亮、对着星空嗥叫。他的同伴觉得他的姿态、他的声音很酷，开始模仿他。后来在部落的巫术的表演中，一个人突然表演了这种嗥叫。人们在惊奇之余认同了这种行为——它能够很好地表达他们的情感。于是这种嗥叫就演变为一个越来越规范的舞蹈动作。

美国人类学家弗朗兹·博厄斯说："据我们所知，世界上任何民族，不论其生活多么艰难，都不会把全部时间和精力用于食宿上。生活条件较丰实的民族，也不会把全部时间完全用于生产或终日无所事事。即使最贫穷的部落也会生产出自己的工艺品，从中得到美的享受；自然资源丰富的民族则能有充裕的精力用以创造优美的作品。"艺术就是这样，它是文明与生俱来的一部分，人从开始脱离蒙昧开始，自然地就开始进行艺术创造，这种创造是有着多重功能的，它既具有实用性的生活功能，也有着寄托、表达人的情感的精神功能，这就是艺术实用性与审美性的结合。

第二节　原始艺术

人类进化中的三个里程碑分别是：从爬行到直立、取火和用火、使用和制作工具。在走出蒙昧的漫长岁月里，我们的祖先猎取野兽、采集野果，在劳动中逐渐学会了利用草木、石头等自然的馈赠以及动物的毛皮和骨骼，来制作和使用工具——只有那些坚硬的石头和动物及他们自己的骨头穿越时间的洪荒，带给我们来自远古的信息。

我国境内发现最早的古人类化石是云南元谋人（距今约 170 万年）。在元谋人遗址中，考古学家发掘出少量石制品、大量的炭屑和哺乳动物化石，证明他们是能制造工具和使用火的原始人类。

在陕西蓝田人（距今约 115 万年至 70 万年）遗址，出土了以三棱大尖状器为特色的石器，并发现了用火遗迹。蓝田人能够用简单而粗糙的方法打制石器，包括大尖状器、砍砸器、刮削器和石球等。

在北京人（距今约 70 万年至 20 万年）遗址，不仅出土了大量的石器，而且出土了骨器和角器，发现了丰富的用火遗迹。到山顶洞人（距今约 3 万年）时期，他们不仅能够制作骨针，缝制衣服，而且能够制作穿孔的骨坠、鱼骨、牙饰、石珠串联而成的“项链”等饰品，考古学家还在他们的遗址发现了中国迄今所知最早的埋葬方式。

“在制造工具的长期实践中，诸如光洁、和谐、秩序、平衡这些原本来源于生理机能和由神经系统协调的因素，逐渐转变为心理运演活动和精神活动的产物。在长期心理运演，无数次心理认知和对形式的原始快感的基础上，审美意识产生了。”[①] 我们称这漫长的时期为旧石器时代，那时候，艺术和生存、工具紧密联结在一起。德国艺术史家格罗塞认为，为了生存，为了获得猎物，人们不得不具有两种特殊才能，即敏锐的眼力和灵巧的手力：第一种是对原物敏锐地获得正确印象的能力；第二种是在劳动中运动器官和感觉器官的协调发展。“所有狩猎民族所用的狩猎的器具，全靠手艺上的灵巧，而且所用的器具愈简陋，他们的技巧却是愈好。”[②] 所以，对于人类来说，艺术从始至终都不是浪费精力的无谓游戏，而是一种必不可少的社会职能，是人类生存最有力的竞争武器之一。

从一万多年前开始，我们的祖先从打制石器进入磨制石器的阶段，这是新石器时代的开端。这时候，随着文化的积累和生产水平的逐渐提高，他们不仅具备了更高的手艺，能

① 刘锡诚：《中国原始艺术》，上海文艺出版社，1998，第38页。

② [德] 格罗塞：《艺术的起源》，蔡慕晖译，商务印书馆，2017，第147页。

新石器时代的磨制石器鹰形陶鼎

够制作和使用更高级的工具，而且他们已经开始脱离茹毛饮血的生存状态，结束了漂泊不定的采集生活和游猎生活。他们开始发展出氏族社会，开始学会建筑房屋，形成村落，开始发展农业、手工业和纺织业。他们开始仰望星空，更细致地观察并思考这个世界。他们正在迎来文明的曙光。

他们发现了斗转星移的秘密，发现了时间和四季。他们发现了脚下的大地，那些神奇的泥土不仅能够生长庄稼，而且能够通过手艺和火，变成一种叫作陶的器物。他们学会了如何运用线条和色彩，学会了在洞穴中、在岩壁上刻画，学会了在那些陶器上作画，描摹生活的场景，学会了与那些秘密的神灵沟通，向他们祈祷。这些祈祷同样存在于他们的音乐和舞蹈中。他们的歌唱和舞姿早已随风飘散，但一万年后，我们依然能够通过那些遗存感受到他们围着篝火跳舞的澎湃激情。他们发现了一种神奇的石头、一种属于中国人的石头——玉。玉，石之美者。我们的祖先发掘了这种大自然的美，并赋予这种美以通灵的意义，将天地人结合在一起。他们学会了如何接受死亡——让死者长眠于地下，将在地下继续他们尘世的生活，等待有一天复活。但他们终将归于黄土，或者在历经沧海桑田之后，重现于世，成为时间的信使。他们的骨骸，他们的随葬品，成为祖先留给我们的启示。我们会循着这些蛛丝马迹推想和还原他们的生活。

石器、岩画、陶、玉器……这些祖先的创造，成为中国最早的艺术遗迹。

一、岩画：抚慰生命的焦虑

史前社会，人们所处自然环境的不同从根本上决定着生活方式和生产方式的不同，进而造就了心理观念的不同。但所有的不同都是为了一个相同的目的：生存。而且他们在巨大的生存压力下几乎都找到了同一种抚慰生命焦虑的艺术表达方式，就是岩画。石头不仅为远古的人类提供庇护（洞穴），提供工具（石器），而且成为一种媒介——人们在岩石上磨刻和涂画，来描绘他们的生活，以及他们的想象和愿望。岩画就是在岩穴、石崖壁面或独立岩石上的彩画、线刻、浮雕的总称。

今天被发现的岩画遍及世界五大洲150多个国家和地区，主要集中分布于欧洲、非洲、亚洲的印度和中国。岩画的创作从距今四万年前一直延续到新石器时代中晚期。在中国，随着生产力的提升，陶器（及彩陶绘画）、玉器及至青铜器、礼乐等技艺有了很好发展，使得人们能够运用更多的艺术形式，更好地表达情感，岩画艺术才逐渐被放弃。

江苏省连云港市郊锦屏山的将军崖岩画被认为是我国现存最早的岩画。这处岩画属于新石器时代，主要内容为人面、兽面、农作物图案以及各种符号。在近十个人面图案中，基本上都有一条线向下通到禾苗、谷穗等农作物的图案，中间杂以许多似为计数的圆点符号，反映出我国古代

将军崖岩画

先民对土地的崇拜和依赖。这幅反映农业部落社会生活的岩画，是先民向神灵祈求丰收的仪式，体现出艺术与巫术的深刻联系。

岩画中的各种图案，构成了文字发明以前原始人类最早的“文献”。如果说洞穴和石器启发了后来的建筑和手工艺，那么岩画则直接启发了后来的绘画艺术。石器、陶器作为工具是实用性的，而岩画则和玉器以及歌舞一样，没有直接的工具价值。尽管它们表现的对象是人的生活，但它们的创造从本原上却是精神性的，通过那些艺术的形式来表达人的情感。无论是游戏、娱乐，还是巫术、祭祀，它们都是精神产品。英国艺术史家贡布里希曾说：“对于这些现象，最近情理的解释仍然是：这就是对图画威力的那种普遍信仰所留下的最悠久的古迹，换句话说，那些原始狩猎者认为，只要他们画个猎物图——大概再用他们的长矛或石斧痛打一番——真正的野兽就俯首就擒了。”因此，原始岩画的图腾意义、宗教仪式与巫术作用是根本性的，主要反映的是人与自然的关系。

二、陶：华夏之光

考古认为，华夏族是在仰韶文化和龙山文化的基础上孕育的。陶，成为这两种文化的最重要标志——华夏的文明之光开始映照在那些质朴的陶器之上。由陶而瓷，随着技艺的改进和文化的交融，陶瓷成为迄今为止中国人最重要的手工技艺和艺术创造之一，并深刻影响着我们的生活，甚至影响着历史的进程。

仰韶文化是新石器时代中国最重要的考古文化。它是远古时期由华夏先民所创造的具有相同文化特征的一系列遗址的统称。这些遗址分布在甘肃省到河南省之间的黄河中游，距今约 7000 年至 5000 年，持续了 2000 年左右的时间。因为 1921 年首次在今河南省三门峡市渑池县仰韶村发现，故按照考古惯例，将此文化称之为仰韶文化。彩陶是最能代表仰韶文化发展水平的遗存器物，也是今天我们所能看到的中国人创造的最古老的艺术作品之一。所以考古学界常将仰韶文化称为彩陶文化。

仰韶文化的制陶业很发达，以红陶为主，灰陶、黑陶次之。仰韶文化各时期的遗址中已发现上百座专门烧制陶器的窑场和作坊，陶器种类有钵、盆、碗、细颈壶、小口尖底瓶、罐与粗陶瓮等。那时候的人们已经较好地掌握了选用陶土、造型、装饰等工序，也是我们今天陶瓷制作依然沿用的基本工序。陶器的造型多采用泥条盘筑法成型，用慢轮修整口沿。那些附饰在陶器上的各种动物塑像，如隼形饰、羊头器钮、鸟形盖把、人面头像、壁虎及鹰等，具有很高的艺术性。作为雕塑艺术的开端，与更古老时代的石器和骨角器相比，这些陶质的动物塑像已经成为一种纯粹美学目的（装饰）的创造。陶器的器表装饰有各种精美的纹饰。彩陶表面绘画用红彩或黑彩画出绚丽多彩的几何形图案和动物形花纹，多装饰绳纹、线纹、锥刺纹、指甲纹和弦纹。彩绘图案是在钵口外沿绘画一周紫色、红色宽带纹，盆的内外绘画人面、鱼、鹿、蛙、鸟等象生性花纹和三角形、圆点组成的几何形图案，形象朴拙而生动，具有一种原始而神秘的美。有些遗址的营地、墓葬中发现了绘画所用的颜料、磨砚、研磨锤等工具。从彩陶图案纹饰的痕迹分析，当时绘画已经使用毛笔一类较软的工具。这些彩绘无疑是中国绘画的先声，部落中的能工巧匠已经在筛选各种工具，试验不同的色彩，创造变化的线条，在这些实践中创造一种全新的视觉效果。

出土于半坡遗址的人面鱼纹彩陶盆，因为所绘人面鱼纹的独特和神秘，而成为最具艺术价值的彩陶纹饰，是我们的国宝。这个人面鱼纹彩陶盆高 16.5 厘米，口径 39.8 厘米，由细泥红陶制成，敞口卷唇，口沿处绘间断黑彩带，内壁以黑彩绘出一组对称的人面鱼纹。眼睛细而平直，似闭目状。鼻梁挺直，成倒立的“T”字形。嘴巴左右两侧分置一条变形鱼纹，鱼头与人嘴外廓重合，似乎是口内同时衔着两条大鱼。另外，在人面双耳部位也有相对的两条小鱼分置左右，从而构成形象奇特的人鱼合体。在两个人面之间，有两条大鱼作相互追逐状。古代半坡人在许多陶盆上都画有鱼纹和人面图案，这应与当时的图腾崇拜和经济生活有关。当时人们在河谷地带形成聚落，以农业生产为主，兼采集和渔猎。有学者认为它反映了先民的祖先崇拜；有学者认为是生殖崇拜或鱼图腾崇拜，因为人面鱼纹彩陶盆被用作儿童瓮棺的棺盖；也有学者猜测人面鱼纹是进行某种宗教活动的化妆形象，这类图画象征着巫师请鱼神附体，为夭折的儿童招魂祈福。

黑陶是龙山文化的最具代表性的文化遗存。龙山文化发生在距今约4000年前，主要分布于黄河中下游的山西、陕西、河南、山东等省。因为首次发现的城子崖遗址位于今山东省济南市章丘区龙山街道龙山村，因而得名。在城子崖之前，中国出土的古陶器大都是含沙量极高的彩陶和红陶，而以河泥为原料的黑陶被认为是东夷民族所独有的创造。龙山文化出土的“蛋壳黑陶”，“黑如漆，

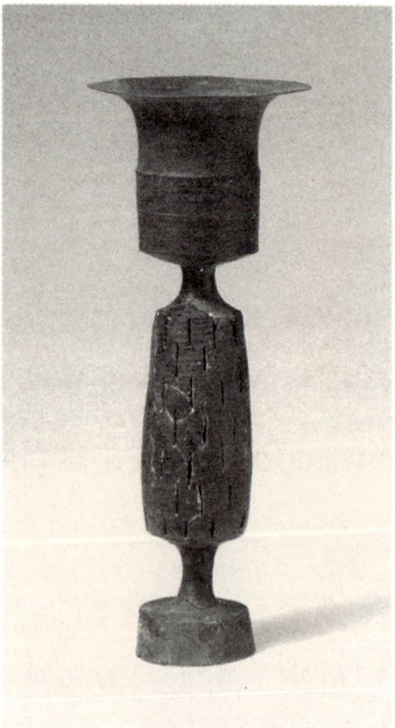
龙山文化中的蛋壳黑陶高柄杯

亮如镜，薄如纸，硬如瓷”，被考古界誉为“四千年前地球文明最精致之制作”。据考证，黑陶在烧制时采用了封窑烟熏的渗碳方法。我们今天都很难烧制出这样成色的黑陶。“蛋壳黑陶”反映了当时高度发展的制陶业的水平。龙山文化时期的制陶工艺进一步发展，已经普遍使用轮制技术，在造型上更加规整，产量和质量都有很大提高。

龙山文化与仰韶文化存在着一种时间和地域（由黄河中游到黄河中下游）上的双重递进关系，华夏民族就在这种历史的递进中融合生成。历史上夏、商、周的文化，都与龙山文化有联系。

三、玉器：石之美者的重塑

在新石器时代，位于辽河流域的红山文化和长江流域的良渚文化都创造了灿烂的艺术，尤以玉器为代表。

位于辽河流域的兴隆洼文化（距今8200年至7400年）发现了迄今所知中国年代最早的玉器，被认为是红山文化玉器的源头，开创了中国史前用玉之先河。考古研究认为，中国玉礼器的使用在良渚文化中期和红山文化晚期就已经开始，也就是说在距今5000年前，玉器就已经作为礼器大规模地使用了。

良渚文化是长江下游地区的远古文明，代表遗址为良渚遗址，距今约5300年至4000年。良渚文化分布的中心地区在钱塘江流域和太湖流域。考古研究表明，在良渚文化时期，农业已率先进入犁耕稻作时代；手工业趋于专业化，琢玉业尤为发达；大型玉礼器的出现揭开了中国礼制社会的序幕，并成为商周礼器的一个渊源。在良渚文化玉器中，玉琮的地位最为突出。玉琮作四方柱形，中间有圆孔，外周有饰纹。后世有“苍璧礼天，黄琮礼地”之说，认为璧和琮象征着天圆地方，为十分重要的祭祀礼仪用器。故玉琮被列入中国传统的玉礼器“六器”之一。

在良渚文化的一些陶器、玉器上还出现了为数不少的单个或成组具有表意功能的刻画符号，学者们称之为“原始文字”。考古学界认为“良渚文化是中华文明的一个源头”。

良渚玉琮

红山文化玉猪龙

红山文化是辽河流域新石器时代的重要文化之一，年代约为公元前3500年。红山文化中最著名的玉器是玉猪龙。据推测玉猪龙是猪与蛇形象的融合，基本形态呈钩形蜷曲状，首尾衔接处缺而不断，如“C”字形，因此又称兽形玦。尽管玉猪龙的原型并无定论，但我们从C形玉雕龙的形象中，更乐于相信它是龙，普遍认为它是龙的最早雏形，是我们中华民族最古老的图腾。艺术是有情感的，玉猪龙不仅对考古学研究有着重要的意义，更是我们民族的自我认同，这种情感是中国人对民族历史和文化的自豪。

《说文解字》中解释：“灵，灵巫。以玉事神。”玉作为供奉神灵和祖先的礼器，被赋予更多的社会意义和精神内涵。其中璧、璋、琥、琮、圭、璜等器物的制造证明了当时工艺的发达程度。

我们对玉的热爱不仅体现于礼器（礼的规格象征），还体现于佩饰（人的身份象征）。儒家文化更是对玉器推崇备至，进一步将玉和修身、君子等观念联结在一起：“君子比德于玉”“古之君子必佩玉”“君子无故玉不去身”。有一种观点认为，这种“尚玉”的传统也是中国发明瓷器工艺的一个重要诱因。人们要在瓷中发现玉的质感，以至于“以玉喻瓷”成为一种风气。诗人杜甫曾作《又于韦处乞大邑瓷碗》诗赞颂大邑瓷：“大邑烧瓷轻且坚，扣如哀玉锦城传。”唐代陆羽在《茶经》说“越瓷类玉”。北宋苏东坡在《试院煎茶》诗中有“定州花瓷琢红玉”之句。南宋蒋祈的《陶记》直接用“饶玉”来称呼景德镇的青白瓷。

第二章

艺术之境

嵇康，字叔夜，三国时魏末著名的诗人与音乐家。嵇康幼年丧父，励志勤学，成年后恃才傲物、旷达狂放，而且一表人才，气宇轩昂，“肃肃如松下风，高而徐引”，还娶了魏武帝曹操的曾孙女、沛穆王曹林的孙女长乐亭主为妻。他在曹氏当权的时候，做过中散大夫的官职。后来，司马氏掌权。司马昭想拉拢他，他采取不合作态度，而且更加愤世嫉俗、桀骜不驯，因此招致忌恨。嵇康是玄学家的代表人物之一，与阮籍、向秀、山涛、刘伶、阮咸、王戎号称“竹林七贤”，常集于竹林之下，喝酒，清谈，抚琴，纵歌，是当时最大的偶像团体。向秀曾叙述他与嵇康的友谊：“余与嵇康、吕安，居止接近。其人并有不羁之才。然嵇志远而疏，吕心旷而放。”向秀有时候帮嵇康去打铁，有时候帮吕安去种菜，他们都是好友。王戎与嵇康交往二十年，从未见他有不好的脸色，因此说他“意趣疏远，心性放达”。嵇康虽然心大，但眼里揉不得沙子，又有“刚肠疾恶，轻肆直言，遇事便发”的一面。他的好朋友山涛投靠了司马氏政权，也劝他出仕，他立刻写信与之绝交，这封信就是著名的《与山巨源绝交书》。

作为“竹林七贤”的领袖人物，嵇康是当时最大的名士，读书人都崇拜他。其中一个人叫钟会，系出名门，是在书法史上与王羲之并称“钟王”的太傅钟繇的儿子。钟会敏慧夙成，才气过人，少年得志，十九岁入仕，为秘书郎，三年后又升为尚书郎，成了司马昭的心腹。钟会写了一部哲学著作《四本论》，想求嵇康指点，可又怕嵇康看不上，终于鼓起勇气登门求教，刚拍了门，还没等人来开门，又气馁了，心跳得厉害，情急之中，把书稿越过墙头扔进院中，掉头就跑。钟会到二十九岁时就已晋封关内侯。显赫了，更希望结交自己的偶像。他又一次登门造访。这次嵇康正在家门口树底下和向秀打铁。向秀拉风箱，他赤着膀子抡锤。嵇康从内心里看不起钟会，钟会来了，他理都不理。钟会很尴尬，就站在一边看他打铁。谁也不说话，一个打，一个看，叮叮当当了老半天。钟会终于觉得无趣，于是准备离开。嵇康在这个时候说话了。他问钟会：“何所闻而来，何所见而去？”钟会回答：“闻所闻而来，见所见而去。”从此钟会就对嵇康记恨在心。

恨嵇康的还有吕巽。吕巽是吕安的哥哥。本来吕巽也是嵇康的好友，但他却干出禽兽不如的事，还诬告弟弟吕安不孝，告到朝廷。嵇康拍案而起，写下《与吕长悌绝交书》，痛骂吕巽，为吕安辩护。钟会借机劝司马昭除掉吕、嵇。嵇康就这样被判了死刑。

嵇康赴死，震动全国。当时太学生三千人请求赦免嵇康，愿以康为师，司马昭不许。嵇康临死前，将自己的儿女托付给了山涛。他对十岁的儿子嵇绍说：“山公尚在，汝不孤矣。”绝交了还是好友。嵇康死后，山涛没有辜负嵇康的重托，对待嵇康的儿子就像对待自己的儿子一样，一直把他养大成人。这就是成语“嵇绍不孤”的由来。

嵇康临刑，神色自若，奏《广陵散》一曲，慨然长叹：“《广陵散》如今绝矣。”从容赴死。方四十岁。

嵇康是诗人，也是非凡的音乐家，更是漫长的中国艺术史上一颗耀眼的孤星。他生命的故事将艺术和中国文化中“士”精神紧密结合在一起。这是艺术与中华文明彼此推动、互为创造的力证。石器时代的艺术家和工匠们越来越多地认识自身和自然，创造了原始的音乐、舞蹈及岩画、彩陶、玉器等艺术形式；夏、商、周三代则在巫师和礼乐的传统下将艺术带入震撼的青铜时代；秦汉的“大一统”的确立为艺术注入了“中国基因”，魏晋南北朝的大分裂和文化融合刺激了个体的自由意志，奠定了艺术的“生命意识”，中国艺术就在二者的交融和统一中发展——书法艺术率先成为成熟的艺术形态；唐宋时期，迎来了中国艺术的黄金时代，文学、音乐、舞蹈、书法、绘画、建筑都走向巅峰；元明清时期，艺术在成熟中沿着文人和民间两条线路深入到世界的每个角落，塑造着中国人的生活，小说、戏剧、陶瓷等都取得了辉煌的成就。在这部漫长的艺术史中，“士”始终扮演着重要的角色，他们不仅是文化和艺术的创造者，更是人文精神的代言人。

第一节　艺术简史

一、先秦：从“石器时代”到“青铜时代”

著名历史学家张光直说：“三代以前的神话君王都是文化方面的英雄人物。”中国历史传说中的“三皇五帝”处于史前时代晚期，他们有着众多的发明和创造——伏羲氏发明了网罟、八卦、历法、琴、瑟等；黄帝发明了宫室、舟车、指南车、瓦甑、十二律等；炎帝则发明了耒耜、草药、土鼓，还种植了粟、稻、黍、稷、麦等农作物……在这些智慧超群的部落首领的带领下，原始部落从母系氏族社会过渡到父系氏族社会，生产力提高，社会分工越来越细，私有财产出现，开始进入阶级社会。在此基础上，文化的传播和融合推动了人们的艺术创造，我们今天所见到的远古的岩画、彩陶、黑陶及各种玉器等依然向我们叙说着石器时代的艺术。石器时代之后，夏、商、周三代构筑了中国历史的“青铜时代”。

青铜时代的艺术精神来源于三代的巫术和礼乐文化，最重要的艺术成就是青铜和文字。

巫与礼成为中国艺术的母体，艺术尚未获得独立。巫与礼的精神性赋予了艺术的象征思维——从具象（描摹）到象征（表现）成为夏、商、周三代独有的艺术精神。在巫术宗教活动中，先民们通过歌舞表演来娱神和媚神，达到人神共乐的和谐状态；青铜器作为礼器则象征着威权和神圣，呈现出“狞厉之美”。人们

后母戊大方鼎

尤其发现了文字的神性。如果说青铜器、玉器及它们的纹饰是一种象征艺术的话，那么文字就是一种纯粹的抽象艺术。尽管它从象形开始，但它最终完成了对世界的符号表达。而且这种表达已臻成熟，其标志就在西周末期的周宣王时期，宣王的史官史籀“师模仓颉古文，损益而广之，或同或异，谓之为篆”。《史籀篇》成为见于著录最早的一部字书，整理九千字。那时候，“养国子以道，乃教之六艺：一曰五礼，二曰六乐，三曰五射，四曰五御，五曰六书，六曰九数”（《周礼·保氏》）。也就是说，来自贵族的孩子要学习礼仪、音乐、射箭、驾车、书写及术数六艺。文字的成熟催生出绚烂的诗篇，不仅宫廷中上演那些庄严的舞蹈、歌唱那些恢宏的颂歌，而且人民也在田亩之中、在水边、在林中传唱那些美丽而忧伤的歌谣。相传宣王的太师尹吉甫是一位伟大的诗人，他同时编撰了流传后世的《诗经》。

二、从秦汉到魏晋南北朝：“大一统”和“生命彩色”的融合

秦王嬴政先后吞并韩、赵、魏、楚、燕、齐六国，于公元前221年，建立了中央集权的统一的秦王朝，自称始皇帝，定都咸阳。秦帝国的出现是真正大一统的开始，中国历史掀开了新的篇章。从秦到汉四百多年，大一统帝国创造了灿烂

的艺术，为中国所有的艺术创造都注入了“中国”的精神基因。

秦始皇兵马俑

秦汉两代，以“振长策”“制六合”“却匈奴”的帝国理想，产生了“非令壮丽无以重威”的建筑营造观念以及厚葬、敬神的礼俗，建造规模恢宏的都邑、宫室、陵寝（如阿房宫、秦始皇陵），促进了大型建筑群落间绘画（帛画如长沙马王堆一号墓帛画，墓室壁画，画像石如山东嘉祥武氏祠汉画像石等）、雕塑（陶俑如秦始皇兵马俑，铜俑如马超龙雀青铜器，石雕如霍去病马踏匈奴像等）、书法（石刻如“泰山十字”，碑刻如熹平石经，竹简如敦煌流沙坠简、居延汉简等）。文学如以铺陈写物为基本特征的汉代大赋，以宏伟的气势、丰富的词汇、华美灿烂的文采，反映了疆域辽阔、经济繁荣、物产丰足、都市繁华、宫室壮美、统一强盛的帝国声威，出现了司马相如、东方朔、王褒、扬雄等文学家。尤其历史的书写，司马迁写出了“史家之绝唱，无韵之离骚”的《史记》，“究天人之际，通古今之变，成一家之言”，从此，历史成为中国人的信仰。

在文学作品中我们还能够一窥当时音乐和舞蹈的堂奥。秦初设有乐府，专门管理乐舞演唱教习。公元前112年，汉武帝正式成立乐府。乐府的职责就是将采集的民间歌谣或为文人诗配乐，以备朝廷祭祀或宴会时演奏之用。它搜集整理的诗歌，后世就叫“乐府诗”，简称“乐府”，是继《诗经》之后，古代民歌的又一次大汇集，成为继《诗经》《楚辞》而起的一种新诗体。宫廷中的颂歌和舞姿早已随风而去，留下的是来自民间的吟咏。我们今天，依然能从那些诗中，听到来自遥远时代的相思和倾诉，听到男女间的海誓山盟和喃喃私语，听到人们对美好的赞叹、对悲伤的咏叹，听到他们的心跳。

魏晋南北朝是中国历史上政权更迭最频繁的时期，历三国（曹魏、蜀汉、东吴）、西晋、东晋和南北朝。从公元220年曹丕篡汉称帝（曹魏），至公元589年隋军南下灭陈朝统一中国，历360余年间，30余个大小王朝交替兴灭，游牧民族入主北方，推行汉化政策；晋室南渡，南方经济相对发达，中国经济重心南移。长期的封建割据、连绵不断的战争和民族融合，使这一时期的中国文化发展受到特别的影响。著名美学家宗白华先生从艺术美学角度说：“汉末魏晋六朝是中国政治上最混乱、社会上最苦痛的时代，然而却是精神史上极自由、极解放、最富于智慧、最浓于热情的一个时代。因此也就是最富有艺术精神的一个时代。”魏晋时期，玄学兴起、佛教输入、道教勃兴，波斯、希腊文化羼入。儒释道三教开始系统影响中国的文学艺术，音乐、舞蹈、绘画、雕塑、书法乃至园林建筑等，在这一时期都发生了重大的变化。营造敦煌莫高窟是魏晋南北朝时期最重要的艺术事件。莫高窟是中西文化交流的结晶。莫高窟的早期洞窟还有较重的西域、中亚风格，但也显示出了中原汉地文化的影响，而后，中原风格渐渐产生较大影响，并在内容、形式上与印度、中亚、西域风格融合，形成了东西文化交融的敦煌石窟艺术。从公元 366 年开凿第一个洞窟开始，到 14 世纪，敦煌莫高窟形成了南北长 1700 余米的石窟群。在世界艺术史上，从来没有一场艺术营造能够像敦煌莫高窟一样持续 1000 年，战乱、衰败、灭佛运动都没有打断它，直到它连同它光荣的历史被废弃、被风沙掩埋。它在大漠中、喧嚣散尽的孤寂中沉睡 500 年，又以屈辱的方式被唤醒，以其无与伦比的艺术瑰宝震惊了世界。

魏晋南北朝，上承秦汉，下启隋唐。在文学艺术上，这更是一个奠定精神基调的伟大时代。宗白华列举王羲之父子书法，顾、陆之画，戴逵、戴颙雕塑，嵇康《广陵散》（琴曲），曹植、阮籍、陶潜、谢灵运、鲍照、谢朓之诗，郦道元、杨衒之散文以及云岗、龙门造像等灿烂艺术，称它们“无不是光芒万丈，前无古人，奠定了后代文学艺术的根基与趋向”。在美学家宗白华看来，这一时期从旧礼教崩溃和思想信仰自由、艺术创造精神勃发向上看，它可与西欧文艺复兴相比。“这是强烈、矛盾、热情、浓于生命彩色的一个时代。”魏晋人人格上崇尚自由主义和个性主义，讲究人格个性美，在艺术上倾向“简约玄澹，超然绝俗的哲学的美”，这为后来的中国艺术奠定了抒发个体生命色彩的基调。

三、唐宋：中国艺术的“黄金时代”

隋唐艺术，上承魏晋南北朝，下启包括五代十国在内的宋元艺术。中国的艺术发展到这一时期，伴随着文化的成熟，已是草木峥嵘，气象万千。在这广阔无垠的艺术之地，既有根深叶茂的参天大树，也有生生不息的茵茵野草，既有花团锦簇，也有硕果累累。

在这个黄金时代，城市和文人集团为音乐、戏剧、曲艺、书法、绘画等艺术门类提供了肥沃的土壤。中国的艺术由隋唐开始迅速地文人化，而文人的审美情趣又极大地影响了手工艺及建筑等艺术门类的审美趋向。最重要的是，唐朝成为中国封建社会文化艺术发展的黄金时代，各种文化艺术形式竞相绽放，达到空前的繁荣，取得了辉煌灿烂的艺术成就，特别是开元盛世给人以强烈的辉煌感。唐代的艺术展现出令我们无比自豪的盛唐气象。从李白、杜甫、白居易的诗歌到韩愈、柳宗元的散文，从吴道子、周昉、李思训父子的绘画到欧阳询、张旭、颜真卿的书法，从昭陵的六骏到敦煌的佛像，从公孙大娘的“剑器行”到梨园子弟的“霓裳羽衣”，从斑驳绚丽的唐三彩到“嫩荷涵露”的青瓷……都表现出一种健康、丰满的文化心理与艺术观念。所有这一切，是唐代所特有的艺术创造与美学风韵。“盛唐气象”以恢宏壮美的气势、开放博大的胸怀和积极进取的精神，成为中国艺术史上最激动人心的音符。

经五代十国的动荡时期，至宋，终于造就了中国历代王朝中空前绝后的文化高峰。陈寅恪说：“华夏民族之文化，历数千载之演进，造极于赵宋之世。”在学者李飞跃看来，宋词、宋诗、宋画、宋体字、宋版书、宋瓷、宋锦、唐宋大曲、宋金杂剧、宋元戏曲、宋元话本、宋代园林、宋代金石、唐宋传奇、唐宋八大家、宋明理学等，几乎所有文艺门类都在宋代发生了深刻转型，达到极高水平并确立了宋代特有的文艺范式。宋代文艺对后世文学艺术的发展产生了深远影响，塑造了近世文艺的基本形态和精神品格，成为东亚乃至世界古典文艺思想史上一个极具辨识度和影响力的文化坐标。

四、元明清：艺术塑造生活

文人阶层的发展和市民社会的成型，使得宋元艺术向着两个方向发展。一个是以文人集团为主体的高雅审美趋向和艺术创造，以文人画最为典型；一个是以市民阶层为主体的通俗审美趋向和艺术活动，以戏曲艺术最为典型。文人画实际上是诗、书、画的结合，戏曲艺术又包含话本小说、杂剧、元曲等形式的创造。至元代，赵孟頫被称为“元人冠冕”，他博学多才，能诗善文，通经济之学，工书法，精绘艺，擅金石，通律吕，解鉴赏，尤其以书法和绘画的成就最高。元杂剧的发展繁荣，进一步巩固了戏曲在民间的地位。

明、清两朝共543年的历史。这一时期是中国古典艺术发展的重要时期，各类艺术高度发展和成熟，从艺术史的角度看，它担当起对整个封建社会文化艺术的总结和完善的历史使命。这种总结和完善，集中地表现为对前代艺术的收藏和模仿，以及在士绅阶层推动下生活的审美化和艺术的生活化。从明代开始，审美融入园林及吃穿住用行等日常生活当中。对于器物的追求推动了手工艺的大发展，文人园林的营建达到顶峰，戏剧艺术走向成熟。但在阳明心学及艺术商业化的影响之下，许多艺术家依然试图突破前人藩篱，尤其以戏曲和大写意花鸟画为代表，越来越重视人的价值和个性的情感，他们独抒性灵，在艺术中寻找自我。因此，在画派林立的明清时代，徐渭和八大山人成为最耀眼的存在。中国的艺术进一步回归本然，重视人心，再现凡人的生活和情感，“夺他人之酒杯，浇自己之垒块；诉心中之不平，感数奇于千载”。

第二节　中国艺术十二境

一、艺术如何分类

中国古代就有“艺术”的称谓，但并不是今天的艺术的含义。“艺术”一词最早见于《后汉书·伏湛传》：“永和元年，诏无忌与议郎黄景校定中书五经、诸子百家、艺术。”“艺”是种植的意思。唐李贤注：“艺谓书、数、射、御，术谓医、方、卜、筮。”这里的艺术主要指六艺以及术数方技等各种技能。六艺之中，礼和乐包含着我们今天所说的艺术中的舞蹈和音乐，书包含着书法艺术，射和御是两种纯粹的技能，并非艺术的范畴，但从对这两类技艺的要求中我们能够看出，在中国的文化传统中，技能（包括手工艺）的纯熟也被视为“艺术”，所谓“技进乎道”就是这个道理。因此，工艺成为艺术领域的重要组成部分。

事实上，今天所谓“艺术”来源于欧洲，它是近代以来与科学并起的研究对象，进而扩展到美国和世界其他地方。而“中国艺术”则更是新创造的词汇，它产生于19世纪的欧洲和美国，是作为与西方的“艺术”对比研究的对象而出现的。

有一种说法，是公认文学、绘画、雕塑、建筑、音乐、舞蹈、戏剧、电影为八大艺术形式。这一分法显然忽略了最具中国文化精神的书法和中国传统的手工艺，恰恰是手工技艺所创造的器物，最大程度上实现了审美的生活化。因此，当我们来理解中国艺术的时候，就需要运用中国的文化思维，而不是照搬西方的艺术概念和分类方法。

现代“艺术”概念的出现很大程度上是关于艺术体系的理论划分，最初是在西方近代艺术理论中提出的。法国美学家夏尔·巴托（1713—1780 年）对此厥功至伟。他在《统一原则下的艺术》（1746 年）一书中首次提出了广为后世认同的现代意义上“美的艺术”（fine arts）概念，还创立了艺术分类的效用（功能论）标准。夏尔·巴托提出了由五种主要艺术——绘画、雕塑、音乐、舞蹈、诗——所构成的“美的艺术”体系，这标志着西方近代艺术体系的初步形成。在欧洲 17 世纪到 18 世纪，经过文艺复兴和欧洲启蒙运动的推动，艺术与科学成为思想及文明展现的重要表象。欧洲启蒙运动下发展出的百科全书亦以艺术与科学合编的字典为标题。法国“百科全书派”对夏尔·巴托的“美的艺术”体系加以局部改造：从五种艺术中拿走了舞蹈，加入了建筑。自此，由绘画、雕塑、建筑、音乐、诗五种艺术构成的

“美的艺术”体系被流传、定型，成为西方美学与艺术理论的普遍共识。

在此基础上，黑格尔（1770—1831年）在《美学讲演录》中提出，艺术依次经历“象征型—古典型—浪漫型”三大风格类型。建筑是象征型艺术的代表，雕塑是古典型艺术的代表，绘画、音乐和诗是浪漫型艺术的代表。实现了“艺术发展的历史研究和艺术体系的结构研究相统一，历史方法和逻辑方法相统一”。

这一由五种艺术所构成的美的艺术体系，在20世纪之初，经由王国维、鲁迅等人引进到中国，成为我国传统艺术体系开始向现代艺术体系转型的标志。不过，到了20世纪20年代初，在宗白华等人的文章及一些艺术理论译著中，有关艺术种类的概括，在数量上已经上升为七种，就是在“绘画、雕塑、建筑、音乐、诗”五种艺术基础上，增加了舞蹈、演剧两种。到了20年代末，由丰子恺翻译的黑田鹏信《艺术概论》（上海开明书店1928年初版）又在艺术体系中增加了工艺美术，使艺术的体系包含的艺术达到了八种。后来，丰子恺提出了“二部十二境”的艺术体系。学者李心峰则在其《艺术类型学》中提出了由“书法艺术、绘画、雕塑、音乐、舞蹈、文学、戏剧、曲艺、电影艺术、电视艺术、摄影艺术、杂技、建筑艺术、实用－装饰工艺艺术”十四种基本艺术种类构成的“现代有中国特色的艺术体系”。

二、艺术十二境

丰子恺在《艺术修养基础》(1941年)、《艺术的园地》(1943年)、《艺苑的分疆》(1943年)等著述中把艺术世界形容为一个风景秀丽的大花园，这一“艺术的园地”分为东、西二园。其中东部有七境，分别为：书法—绘画—金石—雕塑—建筑—工艺—照相（摄影）；西部有五境，分别为：音乐—舞蹈—文学—演剧—电影。

丰子恺的艺术分类更富原创性，更加中国化。东、西二境的划分采用了当时流行的静艺术（空间艺术）和动艺术（时间艺术）的本体论原则，同时也包含了符号学原则和功能论原则。在这个分类中，他不仅兼顾了艺术的发展性——传统艺术和新兴艺术的关系，而且论及了艺术各门类之间的关系——一种文化的内在逻辑。距离丰子恺先生提出“艺术十二境”已经八十年，艺术世界发生了很多的变化，我在这个理论基础上加以调整，以期能够让我们更好地理解中国艺术的门类。我把丰子恺笔下的艺术花园看作是一座高山。这座高山有东、西二门。

从东门入，山脚下是“工艺”一境。仿如爬山，我们心里只想着山顶的风光，山脚下的景色似乎不大能引起我们的兴致，毕竟这一境域靠近艺术之园的大门，和门外的平凡世界实在隔得太近。但这一境却是极广阔，而且我们已经能够感受到扑面而来的艺术气息了。因为，“工艺美术，如器具、纺织、日用品之类的制造，是属于工业的；但其形式的美，是属于艺术的”。更重要的一点，它们是属于生活的，是我们每天饭桌上的碗盘杯碟，是我们家里的桌椅板凳，是我们身上的衣服鞋帽，它几乎无处不在。

继续向上爬去，就是“建筑”一境。这好比到了泰山的中天门——这是一个游客的集中地，是枢纽所在。大多数游客都是乘车直接抵达这里，才开始“真正的登山”。各种物资供给、上山下山的人群咸集于此，永远都人声鼎沸。繁华是繁华，却乏自然之趣。建筑往往被视为“实用艺术”，中国人却是更喜欢那些“无用的”艺术，如书法、绘画。殊不知，到这里已经是到了半山腰，足见“工艺”和“建筑”二境的规模之大。“建筑”的下方是“工艺”，上方是“雕塑”，他们都和建筑的关系密切——建筑居于工艺和雕塑之中，俨然构成一个集大成的实用艺术门类。

再往上爬，就是“雕塑”一境。在丰子恺先生看来，雕塑在西方艺术中是绘画的姊妹艺术，“绘画表现平面美，雕塑表现立体美。绘画取材极广，人物、动物、植物、矿物、天体，以及超自然界各种现象，均得入画。雕塑则取材较狭，大多数是人物、动物之像”。雕塑之于西方是尤为重要的艺术门类，其多为石雕，比如我们耳熟能详的断臂维纳斯、大卫像等；中国的雕塑不仅有石雕，如敦煌莫高窟等洞窟石雕、墓葬石雕，还有泥塑，如各种圣贤佛道塑像等。很大程度上，雕塑艺术在中国的文化传统中也受到“歧视”，它和建筑、工艺一样，一般是工匠所为，游离于“纯正艺术”的门口。

接下来就到了“金石”一境。很多人会对“金石”一词感到陌生，如说它是文物之一类就好理解一些，它是指古代镌刻文字、颂功纪事的钟鼎碑碣等古器物，还包括竹简、甲骨、玉器、砖瓦、封泥、兵符、明器等一般文物。对这些古器物的研究就叫金石学，是一种中国传统的考古学，涉及汉字、历史、书法、文学、图书学等诸方面。专长金石学的人，叫作金石家。这在中国是最高深的学问，诚如丰子恺先生所言：“地方太小太高，所以游人很少，只有几个中国人上去游览，直上最高层的也不多。”这里仿佛是泰山十八盘，游人只想尽快走过这最艰难的一段，而无暇顾及那些藏在其中的风光了。

继续向上，是“绘画”一境。“绘画在艺术中为最发达的一种。全世界各民族都有绘画艺术。全世界的艺术家中，画家亦占有多数。”到这里，仿佛到了泰山的南天门，已近山顶，眼前豁然开朗，风光无限。

终于到山顶，我们看到“书法”一境，丰子恺赞扬它是最高的艺术。这里“地势最高，风景最胜，游客差不多全是中国人，日本人有时也跟着中国人上去玩玩，西洋人则全无问津者。虽说游客全是中国人，但大多数的中国人，步到坡上就止步，不再上进。真能爬上高处，深入其境的人，其实也不很多”。但在山顶，并非“书法”一境，而是有三境，“书法”之外，还有“文学”和“音乐”二境。在广义的艺术范畴内，包含文学一项，那么，文学就是这艺术世界中的王，它有二后，书法是“东方之后”，音乐则是“西方之后”。“诉于眼的艺术中，最纯正的无过于书法。诉于耳的艺术中，最纯正的无过于音乐。故书法与音乐，在一切艺术中占有最高的地位。”这“文学”实在太过庞大，西方五类艺术中的“诗”就是文学。在中国，文学的传统更是影响深远，我们的《诗经》和《离骚》，我们的汉赋和乐府，我们的唐诗、宋词、元曲和明清小说……中国不仅有诗的传统，而且发展出了各类辉煌的文学体裁。迄今并没有公认的艺术分类标准。一种较为一致的看法是，广义的“艺术”包括作为语言艺术的文学，狭义的“艺术”专指文学以外的其他艺术门类。文学如山顶之炬，其光亮自山顶至山脚，笼罩着艺术的所有门类。

从西门入，山脚下是“照相”一境。丰子恺先生将“照相”放到东门入口处，是将其视为“静艺术”（空间艺术）之一种。我在这里将它移到西门入口处，一方面，照相术是科技的产物，由西方而传入中国；另一方面，我认为照相术亦可视为一种“动艺术”（时间艺术），它是对瞬间的捕捉，所呈现的其实依然是一个时间的过程。而且，照相术和电影艺术的发生、发展都有着莫大的联系。在丰子恺先生的时代，人们对照相术的艺术性持一种怀疑的态度，只是因为照片同绘画有些相似，才勉强被列入艺术的园地。到今天，拍照成为一种人人皆能而热衷的活动，但摄影的艺术性却越发凸显出来，摄影成为一种公认的艺术形式。

继续往上爬，就到了“电影”一境。电影相对于传统的音乐、演剧等形式，是一种新生的艺术，“是演剧的复制。但凭仗机械的方法，能作演剧所不能作的表现，是其特长。这是艺术中后起之秀”。事实上，电影艺术的发展证明了，它绝不仅是演剧的复制，而是成为文学、音乐、演剧等所有艺术门类的集大成者，并且能够依靠科技手段推动各艺术门类的发展，例如很多电影中的特效制作、3D技术等都极大地推动了视觉艺术的发展，恰恰验证了丰子恺先生的预言：“其将来的发展，未可限量呢。”

再向上爬，到了“演剧”一境。“演剧”包含了中国传统的戏剧如京剧、昆曲及各种地方戏；曲艺如大鼓书、相声、小品；亦含有源于西方的歌剧、话剧等舞台剧形式。它是文学、音乐、舞蹈等艺术形式的集大成者。在中国，它和电影、摄影一样为百姓喜闻乐见，是通俗的、民间的。

再向上爬，是“舞蹈”一境。舞蹈是以人体为媒介的一种表演艺术。在中国的文化传统中，舞蹈和演剧都可看作是音乐的重要部分。中国历来有礼乐和戏剧的传统，礼乐主要呈现为一种歌舞音乐，戏剧则呈现为戏曲音乐。在现代，我们经常可看到芭蕾舞、踢踏舞、现代舞、爵士舞等各种舞蹈。

再上就到了山顶，“西方之后”音乐的领地，它和“文学”“书法”共同矗立于艺术的山巅。“会当凌绝顶，一览众山小”，到达这里仿佛到了泰山的玉皇顶，在此可以看到人类文化的壮美。

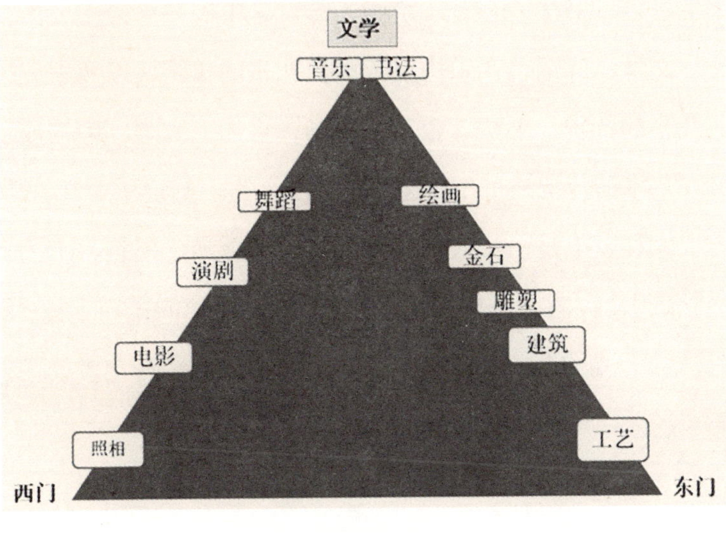

根据以上所述，我编制了新的“艺术园地”的图示，能够让我们更直观地理解中国的艺术门类。

“艺术十二境”中所谓西门（西境）与东门（东境）并非西方与东方之谓，而是从西方文化和中国文化的视角来看待艺术。西方有这十二种艺术（书法除外），中国也有这十二种艺术。这种理解既包括人类文明视野下对艺术的理解——这一分类指出了艺术作为一种文明的成果，是在历史进程中不断发展演化，同时又在文化交流中相互影响、彼此借鉴；也包括对西方和中国的艺术比较的理解，例如作为艺术高峰的西方的音乐和中国的书法；还有对于东西文化特性的理解，动与静就是对不同文化特性的提炼。“艺术十二境”尤其能够很好地解释中国的艺术，中间的六类——文学、舞蹈、音乐、书法、金石、绘画，恰恰是中国艺术最重要的门类。文学、舞蹈、音乐构成了中国礼乐的传统，以及宋元以后戏剧的传统；书法、金石、绘画，再加上文学，则构成了文人艺术的传统——中国艺术的历史，即“纯正艺术”的历史很大程度上是由文人书写的；其他如雕塑、建筑、工艺等尽管是中国人生活中重要的艺术形式，但它都由工匠主导创造，属于民间的技艺。

第三章

音　乐

话说春秋战国时，晋国大夫伯牙出访楚国，朝见了楚王，转达了晋主之命，从水路回国复命。八月十五日中秋之夜，船至汉阳江口，突然风狂浪涌，大雨如注，舟楫不能前进，泊于山崖之下。不多时，竟雨止云开，风平浪静，现出一轮明月。伯牙于船中抚琴遣怀。曲犹未终，琴声突变，一根琴弦竟“嘣”一声断了开来。显然是有人在这荒郊野外盗听琴声。不承想却是一个樵夫，说是打柴归晚，值骤雨狂风，潜身岩畔，听到船上有人弹琴，便少驻听琴。一个砍柴的，也敢称“听琴”！真是大言不惭，伯牙很是不屑。那人却说：“岂不闻‘十室之邑，必有忠信’，‘门内有君子，门外君子至’。大人若欺负山野中没有听琴之人，这夜静更深，荒崖下也不该有抚琴之客了。”

伯牙见他出言不俗，请他上船。那人果然是个樵夫：头戴箬笠，身披蓑衣，手持尖担，腰插板斧，脚踏芒鞋。伯牙道："我且问你，既来听琴，必知琴之出处。此琴何人所造？抚它有甚好处？"那樵夫答道："此琴乃伏羲氏所琢，见五星之精，飞坠梧桐，凤凰来仪。凤乃百鸟之王，非竹实不食，非梧桐不栖，非醴泉不饮。伏羲氏知梧桐乃树中之良材，夺造化之精气，堪为雅乐，令人伐之。其树高三丈三尺，按三十三天之数，截为三段，分天、地、人三才。取上一段叩之，其声太清，以其过轻而废之；取下一段叩之，其声太浊，以其过重而废之；取中一段叩之，其声清浊相济，轻重相兼。送长流水中，浸七十二日，按七十二候之数。取起阴干，选良时吉日，用高手匠人刘子奇斫成乐器。此乃瑶池之乐，故名瑶琴。长三尺六寸一分，按周天三百六十一度；前阔八寸，按八节；后阔四寸，按四时；厚二寸，按两仪。有金童头、玉女腰、仙人背、龙池、凤沼、玉轸、金徽。那徽有十二，按十二月；又有一中徽，按闰月。先是五条弦在上，外按五行：金、木、水、火、土；内按五音：宫、商、角、徵、羽。尧舜时操五弦琴，歌'南风'诗，天下大治。后因周文王被囚于羑里，吊子伯邑考，添弦一根，清幽哀怨，谓之文弦。后武王伐纣，前歌后舞，添弦一根，激烈发扬，谓之武弦。先是宫、商、角、徵、羽五弦，后加二弦，称为文武七弦琴。此琴有六忌、七不弹、八绝。何为六忌？一忌大寒，二忌大暑，三忌大风，四忌大雨，五忌迅雷，六忌大雪。何为七不弹？闻丧者不弹，奏乐不弹，事冗不弹，不净身不弹，衣冠不整不弹，不焚香不弹，不遇知音者不弹。何为八绝？总之，清奇幽雅，悲壮悠长。此琴抚到尽美尽善之处，啸虎闻而不吼，哀猿听而不啼。乃雅乐之好处也。"

伯牙听见樵夫对答如流，深为惊叹。他将断弦重整，沉思半晌，其意在高山，抚琴一曲。樵夫听罢，赞道："善哉，峨峨兮若泰山。"伯牙又凝神抚琴，其意在流水。樵夫又赞道："善哉，洋洋兮若江河。"只两句，就全然抓住了伯牙的心事，真是千古难逢的知音啊。伯牙推琴而起，与樵夫施礼，知道他叫钟子期。两人彻夜长谈，甚是投机，拜为兄弟。不知不觉，月淡星稀，东方既白。他们依依惜别，约定来年中秋在此地重会。

第二年中秋时节，伯牙如期而至，不承想子期竟已病亡。好友阴阳永隔，伯牙悲痛欲绝，来到子期的坟前，抚琴一曲《高山流水》。曲终，伯牙长叹："此曲终兮不复弹，三尺瑶琴为君死！"以刀断弦，琴击祭台，琴破弦绝。知音既去，终生不复弹琴。

《高山流水》的故事发生在遥远的春秋战国时代，是中国音乐史上最著名的故事之一，见载于各类历史及音乐典籍，并为文学创作提供了绝佳的母题。在这个故事中，音为心声，这是中国音乐的根本性命题之一，因此才难觅知音——中国的音乐，不仅有礼乐（雅乐）和俗乐之分，也有礼乐和心声两种截然不同的艺术精神，前者追求和谐、统一以及秩序的构建，后者则追求个性、修为以及情感的表达。琴又是中国音乐中最久远、最高洁的乐器，几千年来，它始终被钟爱着，几乎成为文人雅士的化身。故事中钟子期所述瑶琴的规制，正是乐器对中国文化的映射，不仅是这把传奇的瑶琴，我们几乎能够从所有传统乐器中、从音律中、从乐曲中看到天地人，看到阴阳五行，看到人伦政治——总是能看到天人合一。

第一节　诗言其志，歌咏其声，舞动其容

“《诗》《书》《易》，《礼》《春秋》，号六经，当讲求。”

这是我们耳熟能详的《三字经》中的语句。可真是奇怪，《诗》《书》《易》《礼》《春秋》，明明是五部，也就是我们通常所说的“四书五经”的“五经”，怎么就成了“号六经”了呢？其实，作为儒家的经典，本来真的是“六经”，也就是孔子晚年整理的《诗》《书》《礼》《易》《乐》《春秋》这六部典籍，只是后来《乐经》失传——有一种说

法认为,《乐经》是在秦始皇焚书坑儒中被烧掉了,从而失传——所以“六经”就变成了“五经”。恰恰是失传的这部《乐经》,跟我们要讲的中国的音乐有着莫大的关系。

一、诗、歌、舞、乐

在古代,音和乐是有区别的。《礼记·乐记》认为,音由心生,通过乐器或者嗓音而发出,就形成了声,只发声当然还不能成为音乐,发出来的声音要有变化,有规律和节奏,高低抑扬,形成音调。古代的音乐最重视歌咏,“人声曰歌”,乐器的演奏较之为次要——这相当于我们今天所分的声乐和器乐。按照规范的音调演奏、歌唱,这是音;在歌唱的同时,还要举着盾牌、长斧,拿着鸟羽和牛尾跳舞,这是乐。乐(舞蹈)是对音(音乐)的补充,音乐表达人心的喜、怒、哀、乐、敬、爱六种情绪,但有时候歌咏还不足以表达人的情感,于是就不自觉地手舞足蹈,通过表情和动作的表演进行强化。

在中国的文化传统中,音乐展现的是人的本性,诗言其志,歌咏其声,舞动其容,然后众乐从之。诗、歌、舞三者都出于人的本心,唯乐不可以为伪。所以音乐情深而文明,是文化的高级形态,气盛而化神,能够使人和神明沟通。《乐记》中提出的诗、歌、舞、乐从上古时期就构成了中国音乐的四要素。《逸周书》有这样的总结：“奏鼓以章乐，奏舞以观礼，奏歌以观和。”这里的“奏鼓”就代表着“奏乐”，因为，在古代大型的礼乐仪式中，建鼓是群体性歌舞的统帅，唐徐景安说“建鼓者，谓少昊氏作，大鼓，为众乐之节”。反之，乐（樂）作为象形字，就是悬铃架鼓之象，许慎说“乐……象鼓鞞。木，虡也”，高诱说“建鼓，乐之大者”，荀子说“鼓，其乐之君邪。故鼓似天”。所以，这句话也指出了诗、歌、舞、乐的四要素。

二、从“巫”到“乐府”

在上古时代，音乐很大程度上是与巫术联系在一起的。巫，“以舞降神者也”。巫的本义就是向神祝祷的女巫，“巫”的字形就是一个人挥动双袖起舞的样子，女巫们能够通过神秘的舞蹈召唤神灵。

西周时期，周公制礼作乐。礼就是维护社会等级的各种典章制度，常表现为各种仪式，这些仪式还要配上各种歌舞，就是乐，不同的贵族等级有相应的乐舞的种类和规模。荀子就认为，音乐有不可变的和谐，礼制有不可改的条理。音乐是要融合成为相同，礼制是要分别出不同。礼乐的统一，都关乎人心。正是乐与礼的异质互补，才形成了自然与社会的和谐有序。

西周时期，不仅周公制礼作乐，确立了礼乐的传统，而且民间音乐也非常繁荣。那时候，朝廷有专门的“采风”制度。“采风”就是“采诗”，由专人搜集民间的歌谣，从中“观风俗，知得失”，让君王能够“不出牖户而知天下”。采风的官员叫“行人”，他们深入民间，“巡游万国，采览异言，车轨之所交，人迹之所蹈，靡不毕载”。但人再多，也很难走遍各地，于是他们就发展基层的采风人员，如果男的六十岁、女的五十岁，没有儿子赡养的话，就让他们做采诗的工作，官府来供养他们。全国主管采诗工作的最高长官是太师，周宣王时期的太师尹吉甫就曾经主持采诗，据说他就是《诗经》的主要采集者和编纂者，后来孔子又将《诗经》删改修订为三百零五篇，而且尹吉甫本人就是一个出色的诗人，《诗经》也收录有他作的诗。作为我国第一部诗歌总集，《诗经》分风、雅、颂三部分，“大雅”“小雅”一般为文人创作，“颂”是周王室和诸侯的宗庙祭祀之歌，而占大部分的“国风”则是各地的民歌，也是最优秀的部分。

如果说《诗经》反映的主要是北方的风俗，那么南方的楚国也产生了伟大的诗歌，那就是《楚辞》，屈原的《离骚》《九歌》等篇章就是其中不朽的经典。《九歌》是屈原在民间祭祀歌舞的基础上加工而成。《诗经》之《国风》和《楚辞》之《离骚》分别代表了中国诗歌的现实主义和浪漫主义两大传统，这就是“风骚”一词的来历。它们所代表的音乐，不仅是民间的，而且是个人的——音乐抒发着个体的情感和内心。

公元前112年，汉武帝设立乐府。乐府是专门采歌并整理、制订乐谱的官方机构，还训练乐工，在官方祭祀、宴飨享等场合进行演唱和演奏。他们采集的诗歌的乐谱逐渐失传，但那些诗却传承下来，成为一种我们所熟知的诗歌体裁，就是乐府诗。乐府诗并没有严格的格律，与后世五言、七言等古诗相近，成为文人格律诗的先声。汉代宫廷乐师李延年深受汉武帝喜爱，他出身艺术之家，具有很高的艺术天赋，“每为新声变曲，闻者莫不感动”。

乐府一方面提供礼乐，“国之大事，在祀与戎”构成了礼乐的传统，乐府为官方的祭祀、宴飨等场合提供音乐，还为军队提供军乐。乐府另一方面是对民间歌谣的采集和整理，到东汉，光武帝仍然“广求民瘼，观纳风谣”，和帝则派遣使者“微服单行，各至州县，观采风谣”。那些反映民间情感的、质朴的歌辞成为中华文化的瑰宝。“上邪，我欲与君相知，长命无绝衰。山无陵，江水为竭。冬雷震震，夏雨雪。天地合，乃敢与君绝。”从这样的诗中，我们会读到一个不知名的女子的热烈的爱情和她火一般的表白。“江南可采莲，莲叶何田田，鱼戏莲叶间。鱼戏莲叶东，鱼戏莲叶西，鱼戏莲叶南，鱼戏莲叶北。”从这样的诗中，我们会看到江南。那些忽东忽西、忽南忽北的小鱼，依然游戏在莲叶间，依然在我们的心间游荡。它们是自然的精灵，那种清新穿越2000年的时光依然熠熠生辉。还有被称为“乐府双璧”的《孔雀东南飞》和《木兰诗》，从这样的诗中，我们会看到生命的故事和中国人的精神底色……经历时间的洗礼，尽管只剩下孤独的歌辞和沉默的汉字，尽管那些曾经的歌声和乐音永远消散在历史的深处，但它仍然是音乐的游魂和人的真情。以至到唐代，白居易、元稹等人倡导“新乐府运动”，号召恢复古代的采诗制度，恢复《诗经》和汉魏乐府的传统，“文章合为时而著，歌诗合为事而作”，使诗歌能“补察时政”“泄导人情”。

乐府的民歌传统一直延续至魏晋南北朝。其中尤其值得一提的，是在汉代西北边郡兴起的鼓吹乐，也就是以打击乐器和吹奏乐器等合奏的音乐形式，多在宫廷、官府的仪仗、宴飨、军旅等场合演奏，也用于民间娱乐。今日常见于民间的吹打乐，或有汉代鼓吹的遗绪。汉代的“百戏”开始将歌舞、杂技、角抵（相扑）等表演形式集合在一起，成为戏剧的源头。

三、从“礼乐”到“戏曲”

南北朝时期的民族融合和丝绸之路所带来的文化交流，

使得隋唐音乐——尤其是唐代的歌舞音乐达到了一个高峰。唐代宫廷设立了如教坊、梨园、大乐署、鼓吹署等一系列音乐教育机构，还有专门的教习幼童的梨园别教园。唐代最著名的音乐家非唐玄宗李隆基莫属，他作的《霓裳羽衣曲》既是唐代宫廷歌舞的代表作，也是有唐一代歌舞的集大成之作，更被誉为中国音乐舞蹈史上最璀璨的明珠。唐玄宗和杨贵妃都精通音律，他们的爱情故事也和音乐紧密联结在一起。当时宫廷歌舞称燕乐，其实是宴乐的别称，是隋唐至宋代宫廷宴饮时供娱乐欣赏的歌舞音乐。隋唐燕乐继承了乐府音乐的成就，是汉族俗乐与外国传入的音乐相融合而成的宫廷新音乐。宋人沈括在《梦溪笔谈》中说："先王之乐为雅乐，前世新声为清乐，合胡部为燕乐。"

唐代最著名的乐工是李龟年，深为唐玄宗器重。安史之乱后，他流落民间，杜甫在湖南潭州遇李龟年，写下了不朽诗作《江南逢李龟年》："岐王宅里寻常见，崔九堂前几度闻。正是江南好风景，落花时节又逢君。"李龟年卖艺为生。有一次，他在湘中采访使的宴会上唱歌，第一首唱王维的诗："红豆生南国，春来发几枝。愿君多采撷，此物最相思。"据说这首诗就是王维写给李龟年的。第二首他仍唱王维的诗："清风明月苦相思，荡子从戎十载余。征人去日殷勤嘱，归雁来时数附书。"歌声中全是离乱和思归之情。唱罢，他竟突然昏倒，人们都以为他死了，但他的妻子不忍心埋葬他，四天后他竟又醒来，后来郁郁而终。

宋元以来，随着城市的发展和市民文化的成形，音乐的发展由宫廷转向民间，由歌舞音乐转向戏曲音乐，戏曲、说唱等市民艺术获得了大发展。所以说，汉唐盛世，中国的音乐以歌舞音乐（礼乐）见长；宋元以后，则以戏曲音乐（俗乐）为主。及至当代，逐渐形成了各种戏剧和曲艺。戏剧如京剧、昆曲、河南的豫剧、安徽的黄梅戏、浙江的越剧、陕西的秦腔、河北的梆子等地方戏曲等；曲艺如单弦、大鼓、清音、评弹、数来宝、琴书、二人转、道情、渔鼓等。加上各地的民歌、儿歌等歌曲艺术，以及在民族音调基础上融入时代特色的歌剧音乐，这些构成了音乐类型中的声乐作品。在各种民族乐器如二胡、琵琶、板胡、笛、箫、唢呐、扬琴、笙、古琴、古筝等基础上，则构成了音乐类型中的器乐作品。这些器乐不仅为声乐提供伴奏和曲调，而且发展出了独奏、重奏、合奏等独立的表现形式。

第二节 五声八音十二律

伴随着音乐艺术的发展，最晚到周代，中国传统音乐中的乐器、乐律理论都臻于完备，出现了中国音乐独特的“五声八音”。《周礼·春官·大师》有这样的记载：“太师掌六律六同，以合阴阳之声。阳声：黄钟、太簇、姑洗、蕤宾、夷则、无射；阴声：大吕、应钟、南吕、函钟、小吕、夹钟。”皆文之以五声：宫、商、角、徵、羽；皆播之以八音：金、石、土、木、丝、竹、匏、革。“五声”指代音律，“八音”指代乐器，人发明各种乐器，并且总结出音乐创造的规律，音乐自然就产生了。因此，《说文解字·木部》对“乐”字的释义就是：“乐，五声八音总名。”

一、文之以五声

我们说一个人不会唱歌，就说他“五音不全”。这里说的“五音”就是“五声”，是中国音乐的五声音阶，也就是宫、商、角、徵、羽五个基本音阶。中国的五声音阶最早见载于《周礼·春官》：“皆文之以五声，宫商角徵羽。”唐代时则使用“合、四、乙、尺、工”称之。一说到音乐的基本音阶，我们往往都知道现代音乐中的1、2、3、4、5、6、7，也就是发do、re、mi、fa、sol、la、si的七个音，宫、商、角、徵、羽其实就对应现代音乐中的1、2、3、5、6这五音。中国很多传世名曲都由五声音阶谱写而成，比如著名的民歌《茉莉花》，就是全部由1、2、3、5、6这五音构成，而没有4和

7的发音。但中国的五声音阶也有4和7的发音，那就是变宫、变徵，被称为“二变”。战国时期的猛士荆轲将为燕太子丹去秦国刺杀秦王，作别之际，他在易水边高唱：“风萧萧兮易水寒，壮士一去兮不复还。”当时“高渐离击筑，荆轲和而歌，为变徵之声。士皆垂泪涕泣”（《战国策》）。这历史记载中的“变徵”就在角音与徵音之间，声调悲凉，极能表现英雄义无反顾的悲壮。五音加二变，合起来叫作“七音”或“七声”，即宫（1）、商（2）、角（3）、变徵（4）、徵（5）、羽（6）、变宫（7）。

通过中国特有的“三分损益律”，在“宫”声的基础上产生了“五声”，再分下去，又产生了十二律，这就是乐律。因此，孟子说：“不以六律，不能正五音。”（《孟子·离娄上》）六律分阴阳，就是十二律，五音就是五声音阶。这在中国的传统中被称为律吕，也就是古代乐律的统称。

传说黄帝的乐官伶伦是十二律的发明者。黄帝命伶伦作律，伶伦在大地上奔走，选择乐材，后来到达昆仑山之北，在嶰溪之谷，选择空腔内壁薄厚均匀的上好的竹子，从竹节间截断，制成律管，长三寸九分，吹得其声。以此为参照，又制成十二根竹管，去模拟昆仑山上凤鸟的歌唱。他终于根据凤凰鸣声定出十二律，其中雄鸣为六，是六个阳律，即六律：黄钟、太簇、姑洗、蕤宾、夷则、无射；雌鸣也为六，是六个阴律，即六吕：大吕、夹钟、中吕、林钟、南吕、应钟。因此，这“十二律”又称为“律吕”。我们往往称庄严、正大的音乐为“黄钟大吕”，就是因为黄钟是阳声之首，大吕为之合。《周礼·春官·大司乐》曾记载：“乃奏黄钟，歌大吕，舞云门，以祀天神。”伶伦在发明律吕之后，黄帝又命令他和另一个乐师荣铸造了十二口大钟，以和五音，由此而演奏的歌颂黄帝的音乐《云门》就成为礼乐的开端。因为伶伦对音乐的贡献，后世都称乐人或演员为“伶人”。

“宫、商、角、徵、羽”这五声音阶的确立是与中国传统的五行观念联系在一起的。人们认为五声律就是根据五行而来的，而且进一步将五声和五行对应起来，认为宫、商、角、徵、羽分别对应着土、金、木、火、水。这些音符代表着人心，所以，情动于中，故形于声；声成文，谓之音。每种音符都代表着不同的感情：“木声（角）多远实，鸣亮其喉间。火声（徵）焦且散，完响望中闻。土声（宫）沉重远，一响众人惊。金声（商）完远妙，焦破不堪闻。水声（羽）无散乱，清净成群伦。”（《神相全编·正声歌》）又进一步与自然的“四方”“四时”联系在一起。《汉书·律历志》介绍：宫为土声，居中央，与四方、四时相应；角为木声，居东方，时序为春；徵为火声，居南方，时序为夏；商为金声，居西方，时序为秋；羽为水声，居北方，时序为冬。甚至在《黄帝内经》中，还把五声的宫、商、角、徵、羽和人的五脏对应起来，“脾应宫，其声漫而缓；肺应商，其声促以清；肝应角，其声呼以长；心应徵，其声雄以明；肾应羽，其声沉以细；此为五脏正音”。人们还会将五声与人伦及社会关系联系在一起：“宫为君，商为臣，角为民，徵为事，羽为物。五者不乱，则无怗懘之音矣。”因此音乐还昭示着历史的命运和国家的兴亡更替。

在中国人的观念中，音乐是自然规律的展现，十二律反映的就是天地之气的规律，“天地之气，合而生风。日至则月钟其风，以生十二律”。并且将十二律和十二月对应起来：“仲冬日短至，则生黄钟。季冬生大吕。孟春生太蔟。仲春生夹钟。季春生姑洗。孟夏生仲吕。仲夏日长至，则生蕤宾。季夏生林钟。孟秋生夷则。仲秋生南吕。季秋生无射。孟冬生应钟。天地之风气正，则十二律定矣。”（《礼记·月令》）因此还产生了“吹灰候气”的说法，就是在十二根律管里塞入葭莩之灰——就是芦苇秆内的薄膜所化之灰，到了某月，地气萌动，相应的那一只律管中的灰就会自动地飞扬出来。以此证明音律得自天地之气。“吹灰候气”其实并没有什么科学依据，更多的是中国人的一种文化表达，表达天人合一的统一性。这样的表达在文明的进程中逐渐生出一种诗意，为我们津津乐道。

五声与五行观念相互映照，十二律不仅是中国根本的阴阳观念的投射，还对应着历法的变化。艺术和文化相互映照，这是中国艺术的特色。

二、播之以八音

有了音律，还须有乐器，才能够通过弹奏而发音和播扬。《三字经》中有这样的语句："匏土革，木石金，与丝竹，乃八音。"说的就是乐器的八种制作材料。这是中国最早的关于乐器科学分类的方法，在西周时期就已经有完备的记载。"八音"及其代表性的乐器分别为：金（钟、镈）、石（磬）、丝（琴、瑟）、竹（箫、篪）、匏（笙、竽）、土（埙、缶）、革（鼗、雷鼓）、木（柷、敔）。我们从器乐的角度，很容易理解这种基于乐器的"八音"分类法。

"金"就是用金属制作的乐器。古代最重要的金属乐器非编钟莫属。曾侯乙编钟是我国的国宝，它于 1978 年在湖北随县（今随州）擂鼓墩曾侯乙墓出土。曾侯乙编钟全套共 65 件，分三层八组悬挂在呈曲尺形的铜木结构钟架上，钟架长 748 厘米，高 265 厘米。它是我国迄今发现数量最多、保存最好、音律最全、气势最宏伟的一套编钟，代表了中国先秦礼乐文明与青铜器铸造技术的最高成就。曾侯乙编钟的价值不仅在其作为乐器，还因为相关乐器上铸满了铭文，记有编号、铭记、标音以及乐律等3755字。这些铭文不仅标注了各钟的发音律调阶名，还清楚地表明了这些阶名与楚、周、齐、申等各国律调的对应关系，是古代中国音乐重要的文献。曾侯乙编钟铭文中已经出现“变宫”“变徵”的音名，并能够实际演奏，证明了五声音阶基础上七声音阶的应用。它还同时证实了“三分损益律”及“十二律”的成熟应用，打破了过去认为十二律是古希腊传来的说法，被称为“改写了世界音乐史”。

自1978年出土以来，曾侯乙编钟原件进行了三次演奏。第一次是在1978年出土三个月后，以《东方红》开篇，而以《国际歌》落幕，演奏持续了两个小时，它让我们聆听跨越2500年的历史的回响；第二次演奏是在1984年的北京

曾侯乙编钟

中南海怀仁堂，为各国驻华大使演奏了中国古曲《春江花月夜》和创作曲目《楚殇》以及《欢乐颂》等中外名曲，它让世界聆听中国这个古老文明的吟唱；第三次是在 1997 年为庆祝香港回归而举行的著名音乐家谭盾创作的大型交响乐《1997：天·地·人》中承担了编钟部分的演奏，它见证了这个礼乐国度的大气磅礴和历史传承。

“石”指用玉、石等材料制成的打击乐器，以磬为典型。磬的甲骨文字形为“”，就是在用手执捶敲击悬挂在架子上的做成曲尺一般的乐器。《尚书·益稷》有这样的记载：“击石拊石，百兽率舞。”是说尧使乐官夔典作乐，敲打石磬，奏起乐来，百兽也群起跳舞。形容上古圣贤能够以音乐感化禽兽。

“丝”指由丝弦构成的弹拨乐器，以琴、瑟为代表。传说伏羲发明琴、瑟，琴与瑟均由梧桐木制成，空腔，以丝绳为弦。琴初为五弦，后改为七弦；瑟二十五弦。《诗经》中就有关于琴瑟的记载，譬如“窈窕淑女，琴瑟友之”，又如“妻子好合，如鼓琴瑟”。我们常常用琴瑟来比喻夫妇之间的美好感情或朋友之间的融洽情谊，比如琴瑟和鸣、琴瑟和好等。

这类乐器中还有一种叫作阮咸，其实是一种直柄圆形的琵琶，四弦十二柱。因西晋时期“竹林七贤”之一的阮咸善弹这种乐器而得名。我们今天所熟知的琵琶其实是在 350 年前后由西域传入中国的曲颈琵琶，在唐代开始盛行，居于乐部首位。于是，曲颈琵琶就独占了琵琶之名。开元年间从阮咸墓中出土铜制琵琶一件，遂命名为“阮咸”。于是，中国传统的直柄圆形的琵琶从此就被称为阮咸，简称阮。

“竹”指用竹子制成的乐器，其中最具中国特色的是箫。黄帝命伶伦伐昆仑之竹为管，伶伦从而创造了“十二律”，这竹管大概就是箫的原型。

“匏”指用葫芦制成的吹奏簧管乐器，如笙和竽。甲骨文中有“和”字，即是小笙的象形。《尔雅·释乐》说：“大笙谓之巢，小者谓之和。”《说文解字·竹部》记载：“笙，十三簧。像凤之身也。”笙不仅形如凤凰，声亦如凤鸣。到今天，笙仍然是中国传统音乐中重要的乐器，尤其在民间音乐演奏中，笙的地位非常重要。徐志摩在《再别康桥》中曾提到笙和箫：

寻梦？撑一支长篙，
向青草更青处漫溯，
满载一船星辉，
在星辉斑斓里放歌。
但我不能放歌，

悄悄是别离的笙箫；
夏虫也为我沉默，
沉默是今晚的康桥！

竽形似笙而比笙大，在战国至汉代广泛流行，至宋代失传。齐宣王喜欢听人吹竽，尤其喜欢大合奏，动辄三百人。于是，南郭处士就前往应聘，混在大合奏的队伍中装模作样，享受着优厚的俸禄。后来，宣王死，湣王立。齐湣王却喜欢听独奏，让乐人一个一个地吹奏。殊不知这南郭处士根本就不会吹竽，现在蒙混不下去了，只好逃走。

“土”指用陶土制作的乐器，如埙、缶。缶是一种盛酒的陶器，后发展成一种类似瓦盆的打击乐器，秦人会击缶而歌。在中国历史上曾有一起因音乐而起的外交事件。蔺相如陪同赵王出访秦国，秦王饮酒酣，曰：“寡人窃闻赵王好音，请奏瑟。”赵王鼓瑟，秦御史前书曰：“某年月日，秦王与赵王会饮，令赵王鼓瑟。”蔺相如前曰：“赵王窃闻秦王善为秦声，请奉盆缶秦王，以相娱乐。”秦王怒，不许。于是相如前进缶，因跪请秦王。秦王不肯击缶。相如曰：“五步之内，相如请得以颈血溅大王矣。”左右欲刃相如，相如张目叱之，左右皆靡。于是秦王不怿，为一击缶。相如顾召赵御史书曰：“某年月日，秦王为赵王击缶。”这是一种外交对等的举措，蔺相如以其勇气和谋略捍卫了赵国的尊严。在《诗经·陈风·宛丘》中还有这样的描写：“子之汤兮，宛丘之上兮。洵有情兮，而无望兮。坎其击鼓，宛丘之下。无冬无夏，值其鹭羽。坎其击缶，宛丘之道。无冬无夏，值其鹭翿。”在仿佛永不止歇的鼓声和击缶声中，女巫妖冶的舞姿在诗人心中荡起阵阵涟漪，她是如此炽热奔放，从宛丘的山上到山下的路上，从漫长的寒冬到无尽的炎夏，她的舞姿仿佛定格在永恒的时空中。在2008年北京奥运会的开幕式上，缶这种古老的乐器再次走进中国人的视野，2008人击缶而歌，并吟诵“有朋自远方来，不亦乐乎”，让人们在那雄浑的击缶声中感到来自古老中国的脉动。

“革”是用动物皮革制作的乐器，我们最为熟知的就是鼓。

“木”指木制的打击乐器。柷像方匣子，相传是夏启所作，敲打表示奏乐开始。敔状如伏虎，背有锯齿，以竹条刮奏，以示乐曲的终结。

在中国的文化中，音乐与阴阳五行、天地日月、四时八方紧密联结在一起，是自然和人心的交融，它展现着天地间的韵律和天人合一的生命观念。各种乐器原材得之于自然，而其发声，又各得天地之秉性。“声乐之象：鼓大丽，钟统实，磬廉制，竽、笙、箫和，管、籥发猛，埙、篪翁博，瑟易良，琴妇好，歌清尽，舞意天道兼。”因此，这些神奇的乐器，各拟宇宙万物，终于以声音的形式将天地之道呈现于我们的内心：“故鼓似天，钟似地，磬似水，竽、笙、箫、管、钥似星辰日月，鞉、柷、拊、鞷、椌、楬似万物。”《尚书·舜典》中有这样的记载：“帝曰：夔，命汝典乐，教胄子，直而温，宽而栗，刚而无虐，简而无傲。诗言志，歌永言，声依永，律和声。八音克谐，无相夺伦，神人以和。”八音克谐，就是八类乐器协同演奏，追求宇宙万物间那种普遍的和谐，神和人也会因此而相通。

从汉朝张骞“凿通西域”，开辟丝绸之路开始，中国和域外的交流日益增多，尤其到唐朝，国际交流越发频繁，加之佛教文化的发展，域外——主要是穆斯林世界和印度的音乐和乐器大量流入中国。汉唐盛世，都善于吸收外来文化。唐朝沿用隋朝的九部乐，唐太宗定乐为十部，即燕乐、清商乐、西凉乐、天竺乐、高丽乐、龟兹乐、安国乐、疏勒乐、康国乐、高昌乐，笛子、唢呐、筚篥、琵琶、胡琴等乐器也进入中国，中外乐器、乐曲、歌舞竞相争辉。

到今天，中国乐器所奏名曲都成为中华文明的瑰宝。古琴名曲如《广陵散》《高山流水》《平沙落雁》《渔樵问答》《阳春白雪》《潇湘水云》《阳关三叠》《梅花三弄》《胡笳十八拍》；琵琶名曲如《塞上曲》《十面埋伏》《阳春白雪》

《昭君出塞》等；唢呐名曲如《百鸟朝凤》；古筝名曲如《渔舟唱晚》《高山流水》《林冲夜奔》；二胡名曲如《二泉映月》等。这些名曲不仅体现了中国传统乐器的技巧和艺术魅力，而且都包含着文化的掌故和历史的故事，既是一种艺术形式，也是一种文化传播形式。

第三节 礼乐与心声

从艺术精神的角度看，礼乐与心声构成了中国音乐的两大传统。

“昔先王之作乐也，以振风荡俗，飨神佑贤，必协律吕之和，以节八音之中。”（《宋书·律历志》）中国的音乐先天具有教化和祭祀的目的，讲究秩序，这是礼乐的源头。因此中国的音乐理论始终都围绕着“和”字展开。“音乐之所由来远矣，生于度量，本于太一。凡乐，天地之和，阴阳之调也。”（《吕氏春秋·大乐》）“乐者，天地之和也。”（《礼记·乐记》）都在强调音乐对和谐统一的追求。“故乐者，天地之命，中和之纪，人情之所不能免也。”因此，礼乐应用于祭祀、典礼、宴乐之中，多以大型歌舞的形式出现，讲究各种乐器的配合，更追求诗歌、音律、舞蹈各要素之间的融合。以文明传承的视野看待礼乐，今日依然具有强大生命力的民间器乐演奏，譬如婚丧嫁娶、传统节日中的吹打乐，也是礼乐在民间的延伸，是从国家到家族、从朝堂到乡野的延伸。“和，故百物不失；节，故祀天祭地。明则有礼乐，幽则有鬼神。”于此可以看出音乐对我们的传统文化的展现。

礼乐体现了中国文化的集体观念；心声，作为中国音乐的另一个伟大传统，则体现了中国文化中的个体观念。古人认为：“音之起，由人心生也。人心之动，物使之然也。感于物而动，故形于声。”（《礼记·乐记》）知音就是对心声的感知与共鸣。这一观念来自儒家的君子人格的追求，在这一过程中“壹是皆以修身为本”。而修身之要，孔子说要“兴于诗，立于礼，成于乐”（《论语·泰伯》），音乐成为人格修养的最高境界。西汉刘向说：“乐之动于内，使人易道而好良；乐之动于外，使人温恭而文雅。”（《说苑·修文》）韩婴则直接将五声与人的品格完全附会在一起：“闻其宫声，使人温良而宽大；闻其商声，使人方廉而好义；闻其角声，使人恻隐而爱仁；闻其徵声，使人乐养而好施；闻其羽声，使人恭敬而好礼。”（《韩诗外传》）心声的音乐精神是人的内心情感的阐发，是对自我存在的探索。文人对于古琴的偏爱，和他们对于诗情画意的追求是一致的，那是一种面向内心的、自我的艺术表达；在民间，则是百姓对于二胡的钟爱，他们还会在江上，在山间，在放牧、砍柴或者在田间劳作时唱起那些自由而旋律悠长的歌。他们的心声中有对自然和文化的感知。这些神妙的乐音和清澈的歌声飘荡在文明的时空中，永不消散。

一、礼乐之邦

“礼，经国家，定社稷，序民人，利后嗣者也。”中国向来被称为礼仪之邦，又被称为“礼乐之邦”，盖礼和乐有着密不可分的关系，“乐至则无怨，礼至则不争。揖让而治天下者，礼乐之谓也”。并由此形成了绵延久远的礼乐文化的传统。

《礼记·乐记》中将乐与社会政治状况相联系，使其成为社会生活的折射与体现：政治清明时，曲调安详而欢乐，即“治世之音安以乐，其政和”；人民困苦和政治紊乱时，曲调怨恨而愤怒，即“乱世之音怨以怒，其政乖”。据说，作为亡国之君的夏桀、殷纣王就喜欢制作奢侈淫靡的音乐，他们增大鼓、钟、磬、管、箫等乐器的音响，以声音巨大为美好，以乐器众多为壮观；他们摒弃法度，一味追求新鲜刺激，沉浸于那些见所未见、闻所未闻的奇异而瑰丽的歌舞之中。自古以来，奢侈淫靡之乐都是亡国之兆：宋国衰弱的时候，制作千钟乐舞；齐国衰弱的时候，制作齐钟大吕；楚国衰弱的时候，流行奇异的巫乐。

传说商纣王曾经命乐师师延作靡靡之音，朝歌暮舞，通宵达旦，终于亡国。殷商灭亡之际，师延抱琴出逃，至濮水投水而死。从此，靡靡之音就被视为亡国之音。很多年过去了，卫灵公出访晋国，朝辞帝丘，暮宿濮水岸边。深夜，半梦半醒之中忽听到琴鼓丝竹之音。那乐声时隐时现，断续而来，微妙悦耳，他的手下却什么都没有听到。卫灵公召来乐师师涓。师涓告诉他为纣王作靡靡之音的师延至投濮水而死的故事，这是师延之魂现，而神曲出水。师涓请求在这濮水岸边多住一晚，记下这水中神曲。他援琴而习之，尽得其妙。到晋国后，卫灵公让师涓弹奏在濮水所获神曲以助雅兴。众人听得入迷。可未等弹完，晋国乐师师旷就厉声制止了师涓的弹奏，说这是亡国之音，不可听。

周代集前代乐舞之精华，整理完善了黄帝的《云门》、唐尧的《大咸》、虞舜的《大韶》、夏启的《大夏》、商汤的《大濩》以及周武王的《大武》，这六种乐舞分别代表了六个朝代、六位贤明的君王，因此被称为“六代之乐”。这六种乐舞专门用于郊庙祭祀。《云门》祭祀天神，《大咸》祭祀地神，《大韶》祭祀四方，《大夏》祭祀山川，《大濩》祭祀周的始祖姜嫄，《大武》祭祀周的祖先。因为《云门》《大咸》《大韶》《大夏》所代表的各代，都是由禅让而得天下，所以称“文舞”，舞者左手执龠（形状像排箫的乐器），右手秉翟（用野鸡尾装饰的道具）；《大濩》和《大武》所表现的商朝和周朝，分别是由商汤和周武王以武力夺取的天下，因而为“武舞”，舞者手里拿着朱干（盾）和玉戚（斧）。周公制礼作乐，并且修正了淫邪之音，这些符合雅正之风、包含美德、合乎礼制规范的音乐，在西周时期以制度的形式被确立了下来，贯穿于自然、祖灵祭祀及王侯贵族的日常交往活动中，形成了一个完备的用乐体系。孔子因此感慨：“周监于二代，郁郁乎文哉！吾从周。”

这“六代之乐”后来就被称为“先王之乐”，神圣而庄严，使用“八佾”的规格，是规模最为盛大的乐舞。“佾”就是“列”，一列八人，“八佾”就是六十四人。“六乐”只有在天子的祭祀中才可以表演。因此，后来，鲁国的贵族季孙氏“八佾舞于庭”，这让孔子很愤怒，说：“是可忍也，孰不可忍也！”季孙氏作为鲁国的一个贵族却在家排演、欣赏“八佾”之舞，是典型的不讲规矩，说轻一点是藐视天子，说重一点就是有僭越之心。在那个时代，这样的事越来越多，以至于孔子痛心疾首地形容为“礼崩乐坏”，他终其一生都在追求恢复西周时期的礼乐制度。

孔子研究音乐，一方面是因为他热爱音乐，一方面则是因为他对周礼的重视。诚如南宋史学家郑樵所说：“礼乐相须以为用，礼非乐不行，乐非礼不举。”孔子就曾解释：“不能《诗》，于礼缪；不能乐，于礼素。”（《礼记·仲尼燕居》）也就是说，如果没有音乐，礼的仪式就会黯淡乏味。孔子因此修订了《乐经》，他的再传弟子公孙尼子为《乐经》作《乐记》。后《乐经》《乐记》毁于秦火，但《乐记》部分收录于小戴《礼记》之中，是为“乐记”篇。“乐记”篇发出“礼节民心，乐和民声”“礼义立，则贵贱等矣，乐文同，则上下和矣”“乐者敦和，率神而从天，礼者别宜，居鬼而从地”“乐极和，礼极顺，内和而外顺，则民瞻其颜色而弗与争也”等议论，从很多角度论证了礼乐的关系。

春秋时期，孔子面对礼崩乐坏的社会，对礼乐文化进行了发掘和改造，淡化鬼神崇拜，突出政治功能，强调礼乐的等级秩序，追求和谐，陶冶情操，移风易俗，并把它纳入了儒家学说的核心内容。随着儒家学说在意识形态领域统治地位的确立，礼乐文化对漫长的中国古代社会产生了深远的影响。自周朝以后，每个朝代都会“制礼作乐”，在继承、改造前代礼乐的基础上，制定新的礼乐规范，强调礼乐的人伦教化和治世功能。从朝廷到民间，从国之大典到百姓之婚丧嫁娶、衣食住行，礼乐文化的影响无处不在，以至于我们今天的很多重要仪式——岁时节令、婚丧嫁娶、开业庆典、拜祭祈福等，依然需要专门的音乐的参与。

二、心之声

“君子以钟鼓道志，以琴瑟乐心；动以干戚，饰以羽旄，从以磬管。”抒发心声，不仅是明志、乐心，而且要移情，就是感情的表达和传递。琴者移万物之情，琴声载琴者之情，听者得之共鸣，这就是知音。

伯牙曾经跟成连先生学习鼓琴，三年都没有学成，就是弹不出曲中之神妙寂寞。成连说：“我虽传曲，未能移人之情。”于是成连先生就带伯牙到东海上蓬莱仙山，找他的老师方子春。到了仙山，成连说：“你在这里练习，我去找我的老师。”竟乘船走了。山林寂寞，四望无人，只听得海水汹涌，群鸟悲号，伯牙心悲，忽然听懂了这天地间无边的孤独，乃援琴而歌。曲终，成连回，迎之而还，伯牙从此就成为天下妙手。伯牙终于知道，这世界上并没有方子春。琴中神韵得之于自然、得之于本心而已。

琴棋书画不仅代表着中国人的风雅，更被视为“文人四友”，是一个人必备的文化素养。琴是古琴，列此修身四课之首，可见音乐的重要性。之所以琴能代表音乐素养，是因为琴已经成为文人的一种化身，这是其他任何乐器都无法比拟的。

伏羲“见凤集于桐，乃象其形”，削桐“制以为琴”。

在北宋琴家成玉磵的描述中，琴的规制实在大有讲究：“面圆法天，底方象地。龙池八寸通八风，凤池四寸合四气。琴长三尺六寸，象三百六十日。广六寸，象六合。前广后狭，象尊也。上圆下方，法天地也。五弦象五行，大弦为君，小弦为臣，文武加二弦，以合君臣之恩。”（《琴论》）俨然象征着天地人伦。在《说文解字》中，“琴”本作“珡”，禁也。君子所以自我克制以修身，如《白虎通》所云：“琴者，禁也，所以禁止淫邪、正人心也。”因此，琴与君子紧密联系在一起，自古成为代表士大夫精神追求的乐器。

孔子跟师襄子学习弹琴。练习一段时间后，师襄子说：“你现在弹得很好了，可以学习别的了。”孔子说：“我还是没有掌握好节奏。”又练习一段时间，师襄子说：“节奏掌握得很好了，可以学别的了。”孔子说：“我还没有很好地领会琴曲的内涵。”又练习一段时间，师襄子说：“你已经领悟到琴曲的内涵，可以学别的了。”孔子说：“琴曲在歌颂一个人，但我还没有领会他的心。”又继续练习不辍。师襄子看到孔子抚琴，穆然深思，又如登高望远，神态中显现出高远的志向。孔子说：“我懂了。他皮肤黝黑，身体魁梧，胸襟广阔，高瞻远瞩，胸怀天下。这个人只能是文王！”师襄子感慨不已，对孔子说：“你真是圣人啊，你弹的这首琴曲正是《文王操》。”

古琴，又名“绿绮”，源出于西汉司马相如的“绿绮琴”。司马相如有诗赋之盛名，又善操琴。梁王请他作《如玉赋》，而以自己收藏的传世名琴“绿绮”相赠。传说琴内有铭文曰“桐梓合精”，即桐木、梓木结合的精华。司马相如精湛的琴艺配上“绿绮”的绝妙音色，使“绿绮琴”名噪一时。一天，司马相如前往邛崃豪富卓王孙家拜访，对卓王孙的女儿文君一见倾心。酒宴上人们请司马相如弹奏一曲。司马相如遂鼓琴而歌《凤求凰》：

有一美人兮，见之不忘。
一日不见兮，思之如狂。
凤飞翱翔兮，四海求凰。
无奈佳人兮，不在东墙。
将琴代语兮，聊写衷肠。

文君隔壁听琴，解其意，不由脸红耳热，心驰神往。半夜，卓文君就和司马相如跑了。他们回到成都，司马相如一贫如洗，他们就开一酒馆，文君当垆卖酒，两人过着辛苦而快乐的日子。后来，“绿绮”就成了古琴的别称。西汉司马相如的“绿绮琴”和东汉蔡邕的“焦尾琴”，连同周代伯牙之“号钟琴”（传为齐桓公所得）、楚庄王之“绕梁琴”，共同组成了中国古代四大名琴，各有其动人的故事。那些故事中不仅有音乐的美妙，更有神异之传说和文化之深意。

西晋时期，嵇康曾游会稽，宿华阳亭，夜深人静，引琴而弹。夜色中忽然闪出一人，自称古人，被嵇康琴声吸引。他们共谈音律，甚为投机。谈得兴浓，那人索琴而弹之，为广陵曲，声调绝伦，就把它传给嵇康，并要嵇康发誓不传他人。后来，嵇康赴死，震动全国。当时太学生三千人请求赦免嵇康，愿以嵇康为师，司马昭不许。嵇康临刑，神色自若。奏《广陵散》一曲，慨然长叹“《广陵散》如今绝矣”，从容赴死。《广陵散》讲述战国时期聂政刺韩王的故事。聂政的父亲为韩王治剑，过期不成，被韩王所杀。当时聂政尚未出生。等他长大，他要刺杀韩王，替父报仇。于是学徒入王宫，拔剑刺王，未能得手，逃遁而去。他入太山，遇仙人，学鼓琴。为再次入宫行刺，他漆身毁容，吞炭变音。十年后，他持琴入韩国，琴艺举世无双，举国皆知。他鼓琴阙下，观者成行，马牛止听。韩王听说后，召他进宫弹琴。聂政援琴而歌，取琴中之刀，刺死韩王。因其毁容，无人认识，家人遂免于牵连。嵇康深爱《广陵散》，大概是被聂政的反抗精神和战斗意志所激励。这是跨越600多年光阴的回响，这是蕴含在乐曲中的精神的相望相守。如此知音，从此绝矣，嵇康不仅是为琴曲之绝唱而长叹，更为士人慷慨之将尽而悲鸣。嵇康善琴，同为“竹林七贤”之一的阮籍则以啸歌闻名。他入苏门山遇隐者，与之谈太古无为之道，论五帝、三王之义，皆无动于衷，直到阮籍意兴索然，望远长啸，才引起苏门先生的共鸣，他微笑着对阮籍说：“再来一次。”阮籍下山，半途忽闻林谷传响，乃先生长啸相和。《千字文》中“嵇琴阮啸”即嵇康善琴、阮籍长啸之谓，这样的音乐表达的恰是心声，唯知音可解。到唐朝时，著名诗人王维还写下这样的诗句：

独坐幽篁里，弹琴复长啸。
深林人不知，明月来相照。

到东晋时，陶渊明不为五斗米而折腰，归隐田园。每有客至，无论贵贱，有酒即共饮，如果先醉，他就会对客人说：“我醉欲眠卿可去。”（《宋书·陶渊明传》）率真如此。他的屋子里挂着一张琴，却无琴弦，每每醉酒，他便做抚琴状。我们知道，那时候必定有琴声漫过他的草庐，将他带到遥远缥缈之地。几百年后，李白和一个朋友喝酒，想到他，写下这样的诗句：

两人对酌山花开，一杯一杯复一杯。
我醉欲眠卿且去，明朝有意抱琴来。

嵇康在其著名的音乐理论著作《声无哀乐论》中申述“和心足于内，和气见于外”“歌以叙志，舞以宣情”，极大地发挥了庄子“吹万不同”个性论。“德者，性之端也。乐者，德之华也。”音乐是心声，无时不渴望知音。即使没有知音，也会有明月、山花，有自然为伴。

中国古代的乐器，尤其“八音”中所列举的乐器，随着历史的变迁和域外乐器的引入，很多都已不存，我们今天所见的很多民族乐器，如笛子、喇叭等，都是在不同历史时期由域外传来，又经过一代代乐人的改进而成为我们民族自己的乐器。其中的古琴却成为一个特例，它不仅没有丝毫的改变，而且一直被历代的文人钟爱着。作为我们民族文化瑰宝的古曲大多也都是琴曲。

第四章

书　法

光绪二十五年（1899 年）秋天，南书房行走、国子监祭酒王懿荣患了疟疾，在中医开列的处方中，除白芷、苍术、肉桂、川芎等常见中药外，竟有一味称为“龙骨”的药。家人前往宣武门外菜市口一家从明代就开张的老字号药店“达仁堂”抓药。当他打开药包，审视那味奇怪的“龙骨”时，赫然发现“龙骨”上竟刻着一些似篆非篆的笔画，他判断这是一种尚未被人认识的古文字，立刻派人去“达仁堂”将店中所有“龙骨”悉数购回。王懿荣细为考订，审定为殷商故物。他对甲骨文字的最初判断，被后来的研究所证实。

这些甲骨多出自河南安阳小屯村一带，那里是商代后期盘庚迁殷到纣王时期的都城，周灭殷后，都城被废弃，史称殷墟。自宋代以来，当地农民在翻土地时，经常挖出一些龟甲和兽骨。据传，最先把甲骨当作药材送进药铺的，是一个叫李成的小屯村剃头匠。他在染疾后无钱买药的情况下，无奈中捡拾甲骨磨成粉末来治身上的脓疮。甲骨粉末可以吸湿，竟见奇效。于是他不再以理发为业，而专事收集“龙骨”，药铺掌柜以六文钱一斤收购。李成还自己在庙会上摆起了摊子，叫卖刀枪跌打药。他是把“龙骨”研成了细粉，包成小包，作为跌打药往外卖。小屯村的村民也跟着去捡拾“龙骨”去换钱了。后来，大批“龙骨”流入北京，作为一味具有涩精补肾功效的名贵中药出现在“同仁堂”“达仁堂”等药店里。药店不喜欢收购带字的“龙骨”，所以农民出售时还常常把上面的字刮掉。有不少“龙骨”因字太多刮起来麻烦，就随便把它们抛入枯井之中。王懿荣意识到这些“龙骨”有着极重要的价值，于是开始大量收购。

王懿荣成为收藏鉴定甲骨文第一人，绝非偶然。他博通经史，尤在金石文字之学上有精深造诣，“笃好旧椠本书、古彝器、碑版图画之属”，足迹遍及鲁、冀、陕、豫、川等地，搜求文物古籍。中进士之前，他已经是名闻京城的金石学家。《清史稿》云“懿荣泛涉书史，嗜金石，翁同龢、潘祖荫并称其学”。凡书籍字画、金石印章、钱币瓦当，无不珍藏。他在《病起即事书示同人并索和诗》一首中写道：“廿年冷宦意萧然，好古成魔力最坚。”“墨癖书淫是吾病，旁人休笑余癫癫。”他集藏古物，不吝金钱，常常把官俸花得精光，有时竟会把家中的衣物典当，甚至连妻子遗留的嫁妆、首饰也统统送进当铺。因此他感叹收藏之艰，曾作诗云：“典衣还惹群书债，折券时蒙小贾羞。”王懿荣对“龙骨”的鉴定和重金收购，立即使“龙骨”身价百倍。一时间，京津等地掀起了一股收购“龙骨”的狂潮。

就这样，他这一场病中的偶然发现，揭开了千百年来的“龙骨”之谜。殷墟甲骨文经王懿荣之手，从“龙骨”变成了珍贵的古代文化研究资料。甲骨文的发现，不仅标志着中国有了将近四千年有文字可考的历史，而且为研究商朝历史提供了极其宝贵的资料。而且，直接导致了对安阳殷墟的发掘，并形成了甲骨学和殷商考古这两门全新的学科。

王懿荣苦心搜集甲骨 1500 多片，尚未进行深入的研究及留下著述，便殉国了。在生命的最后一年之中，他让中国人看到了属于我们民族的更深邃的历史、更遥远的文明——甲骨文他也因此成为公认的“甲骨文之父”，他的名字被永远地镌刻在中华文明的殿堂之中。在他死后第三年，为偿还家庭债务，他的儿子王翰甫将 1000 余片甲骨卖给《老残游记》的作者刘鹗（字铁云），成为《铁云藏龟》一书的主要资料来源；赠送天津新学书院 25 片，大多数是带骨臼的牛胛骨，由美国人方法敛摹写，编入其《甲骨卜辞七集》

之中；一部分留藏于家中，在 1939 年由著名的古文字学家唐兰据王崇烈拓本编为《天壤阁甲骨文存》一书。据记载，20 世纪 60 年代，王懿荣后人将 500 余片甲骨捐赠给了国家。

到今天，专家已研究整理出甲骨文单字约 5000 字，以象形字为主，并有大约 20% 的形声字。通过研究甲骨文，上溯汉字之源，下启汉字流变，不仅将古史研究推入新的境界，而且使得古文字学兴起。于艺术而言，甲骨文已具备了中国书法的三个要素，即用笔、结字、章法，成为中国书法的源头。

第一节 汉 字

书法是基于汉字的书写。许慎在《说文解字·序》中讲到汉字的起源："古者庖牺氏之王天下也，仰则观象于天，俯则观法于地，视鸟兽之文与地之宜，近取诸身，远取诸物，于是始作《易》八卦，以垂宪象。及神农氏结绳为治，而统其事，庶业其繁，饰伪萌生。黄帝之史仓颉，见鸟兽蹄迒之迹，知分理之可相别异也，初造书契。"就创制汉字的过程来看，其中就蕴涵着极为生动的文化形态和生命信息。仓颉造字而"天雨粟，鬼夜哭"(《淮南子·本经训》)大概就是汉字能够“穷天地之变”，是人能够通过书写而一窥天地之秘。这是人具备神性的开始，是文明之肇始。汉字本身就体现出一种生命意义与生命精神。

语言和文字是人类文明中最伟大、最原初的媒介之一。关于语言，《圣经·旧约·创世记》第十一章记载，“那时，天下人的口音、言语，都是一样”。他们彼此商量说：“来吧！我们要做砖，把砖烧透了。”他们就拿砖当石头，又拿石漆当灰泥。人类联合起来兴建希望能通往天堂的高塔，为了阻止人类的计划，上帝让人类说不同的语言，使人类相互之间不能沟通，计划因此失败，人类自此各散东西。巴别塔成为人类文明的重要隐喻——人类试图通过自己的双手实现造物主的身份认同。人即上帝。但上帝让人说不同的语言，人的力量被瓦解了。中国人却从汉字中获得了原力。在中国人的观念中，人禀天地气，人是万物之灵、天地之心。易卦中每卦三爻，讲的就是天、地、人。《易经·说卦》有云：“是以立天之道，曰阴曰阳；立地之道，曰柔曰刚；立人之道，曰仁曰义。兼三才而两之，故《易》六画而成卦。”中国人的宇宙向来是“天地人”的三位一体，汉字成为这个模型的最重要媒介。

“仓颉之初作书，盖依类象形，故谓之文；其后形声相益，即谓之字。”（《说文解字·序》）汉字有象形、指事、会意、形声、转注、假借六种有关汉字造字和用字的方法，也就是通常所说的“六书”。例如“木”字，一棵树的形状，就是一个象形字；“本”，将树根专门标示出来，就成为一个指事字，用以表示树根；“休”，一个人靠在树上，表示休息的意思，这是一个会意字；“沐”则是一个形声字，发“木”音，三点水代表了“洗”的意思。

书法字体沿革流变，从商周时期的甲骨文、金文到秦朝统一文字为小篆，再到秦汉之间的隶书，再到东汉、魏、晋的草书、楷书、行书诸体，魏晋时期成为书法技法的集大成期，已经书体完备，书写的技法趋于成熟。我们今天说书法艺术的五种主要字体，即指篆书、隶书、楷书、行书、草书五体。篆书是大篆、小篆的统称。大篆指金文（也称钟鼎文）、籀文、六国文字，明显保存着古代象形文字的特点；小篆也称“秦篆”，是大篆的简化字体，秦国的通用文字，秦始皇“书同文”，就是将六国文字及金文等统一为“小篆”。隶书是由篆书发展而来，始创于秦朝，传说程邈作隶，是为了公文书写的方便。隶书在东汉时期

甲骨文

达到顶峰，称为汉隶，它上承篆书传统，下开楷书、草书及行书，对后世书法影响很大，书法界有“汉隶唐楷”之称。草书产生于汉代，是在隶书基础上为了书写更简便。汉代的草书称作章草，魏晋时期的新体草书称作今草。草书又分大草（也称狂草）和小草，是一种审美大于实用的书体。楷书也叫正楷、真书、正书、小楷，就是现代通行的汉字手写正体字。楷书由隶书逐渐演变而来，《辞海》解释说它“形体方正，笔画平直，可作楷模”。行书是在楷书的基础上发展起来的，是介于楷书、草书之间的一种字体，是为了弥补楷书的书写速度太慢和草书的难于辨认而产生的。行书分为行楷和行草两种，楷法多于草法的叫“行楷”，草法多于楷法的叫“行草”。

第二节　书法的源流

书法一直散发着独特的艺术魅力。在纸发明以前，我们主要是通过甲骨、青铜器、玉石、竹简、木牍等载体书写、铭刻。

石鼓文是先秦时期最著名的刻石文字，因刻石外形似鼓而得名。石鼓共十只，高二尺，直径一尺多，分别刻有大篆四言诗一首，言渔猎之事，故又称《猎碣》。其书传为周宣王时太史籀手笔，其书体为大篆向小篆过渡时期的文字，一定程度上保留了金文的特征，但比金文规范、严正，体态堂皇大度、圆活奔放，气质雄浑，刚柔相济，在古文字书法中，堪称别具奇彩，独具风神。康有为称其“如金钿委地，芝草团云，不烦整裁，自有奇采”。后世学篆者皆奉为正宗，大家如杨沂孙、吴大澂、吴昌硕、王福庵等无不临习。秦始皇统一国家后，丞相李斯主持统一全国文字。流传于后世的《峄山石刻》《泰山石刻》《琅琊石刻》《会稽石刻》等皆为李斯所书，为后人留下了极其宝贵的小篆体书法艺术。

汉代书法多呈现于碑碣、简牍。尤其东汉，隶书已登峰造极，碑刻林立，字形方正，法度谨严，波磔分明。汉代书法家有以蔡邕为代表的汉隶书法家，和以杜度、崔瑗、张芝为代表的草书书法家。从熹平石经的《周易》经石来看，蔡邕的书法字体方正，结构谨严，用笔方圆兼备，刚柔相济，端美雄健，雍容典雅，恢宏如宫殿庙堂。梁武帝评价蔡邕的书法“骨气洞达，爽爽如有神力”。北魏江式《论书表》曰：“左中郎将陈留蔡邕采李斯、曹喜之法为古今杂形，诏于太学立石碑，刊载五经，题书楷法，多是邕书也。后开鸿都，书画奇能莫不云集，于时诸方献篆无出邕者。”汉代草书的诞生，标志着书法由文化功用向艺术审美的转变，使得汉字的书写成为一种能够高度自由地抒发情感的艺术。

魏晋时期，中国的书法艺术迎来了第一个高峰。三国时期钟繇创楷书。西晋末年，五胡乱华，晋室南渡，北民南迁，形成了中国历史上著名的“王谢袁萧”南朝四大望族。当时，琅琊王氏避乱南下，王旷携家眷迁居山阴（绍兴）。303 年，他的夫人在江南洛社乡下生下第二个儿子，取名羲之。王羲之的叔叔王廙成为他的启蒙老师。王廙文武双全，被誉为“过江书画第一”。而王羲之的堂伯父王导、王敦都是当时声名显赫的大人物，他们把持朝政，一起辅助司马睿在江南地区建立名望，当时人都说“王与马，共天下”。353 年，王羲之写下了被后世誉为“天下第一行书”的《兰亭序》。论者称其笔势，以为飘若浮云，矫若惊龙。王羲之与钟繇并称“钟王”，与其子王献之并称“二王”。王献之的《洛神赋》字法端劲，所创“破体”与“一笔书”为书法史一大贡献。王氏家族王羲之的《快雪时晴帖》、王献之的《中秋帖》和王珣的《伯远帖》因后世被乾隆皇帝收藏于三希堂而震古烁今。传说《兰亭序》是王羲之酒酣之时的神来之作，第二天酒醒，他自己看到《兰亭序》都震惊不已，重写几十乃至上百遍，却都写不出那天的神韵。他因此十分珍爱，视为传家之宝，传之于子孙。传到第七代孙王法极，这王法极却出家做了和尚，就是中国艺术史上著名的智永禅师。智永禅师将《兰亭序》传给了弟子辩才。这才有了唐太宗时“萧翼赚兰亭”的故事。

南北朝时期的书法进入北碑南帖时代。南朝书法继承了东晋的风气，南朝宋之羊欣、齐之王僧虔、梁之萧子云、陈之智永皆为著名书法家。尤其梁武帝在书法上有很深的造诣，留下了《观钟繇书法十二意》《草书状》《答陶隐居论书》《古今书人优劣评》等书法理论著述。他还是历史上第一个大力推崇王羲之书法成就的帝王。萧衍时期宫廷所藏“二王”书迹独多，计有78帙767卷，皆重加装褫，题金饰玉，宝重备至。他还命人从王羲之书法作品中选取1000个不重复汉字，命员外散骑侍郎周兴嗣编纂成文。全文为四字句，对仗工整，条理清晰，文采斐然。这就是在中国影响最大的儿童启蒙读物《千字文》。而王献之后人智永禅师曾临《真草千字文》800多份，广为分发，影响远及日本，直到现在依然是书法学习的经典教材。智永对后世书法影响深远，他创“永字八法”，为后代楷书立下典范。很长一段时期内，王羲之的声名都被其子王献之所掩。正是因为梁武帝的推崇，才兴起了历史上第一波学习“大王”书法的风潮，从而奠定了其“书圣”的至尊地位。北朝书法以碑刻为主，尤以北魏、东魏最精，代表作有《郑文公碑》《张猛龙碑》

《敬使君碑》。康有为说：“凡魏碑，随取一家，皆足成体。尽合诸家，则为具美。”

“书至初唐而极盛”。楷书从“初唐四大家”欧阳询、虞世南、褚遂良、薛稷至中唐的颜真卿、柳公权的“颜筋柳骨”，再至晚唐五代时期杨凝式的“二王颜柳”余韵，确立了书法法度之最高境界。尤其颜真卿被誉为“纳古法于新意之中，生新法于古意之外”，董其昌谓唐人书取法，鲁公大备。张旭、怀素以癫狂醉态将草书表现形式推向极致。张旭史称“草圣”，其狂草将书法从“艺术”提升到“纯艺术”的层面，进一步脱离了书写的实用功能，开始纯粹为艺术而书写。孙过庭草书则以儒雅见长。他们的草书将“法”与“意”完美地融合在一起，使书法艺术进入浪漫主义美学领域。唐代最高学府有六种，即国子监、太学、四门学、律学、书学、算学。其中书学是专门培养书法家和书法理论家的机构。孙过庭的《书谱》成为我国古代书法理论史上一部具有里程碑性质的著述，其内容广博宏富，涉及中国书学各个重要方面，且见解精辟独到，揭示出了书法艺术的本质及许多重要规律，标志着中国书学的发展进入了一个崭新的、辉煌的阶段。

宋元时期书法以“宋四家”及赵孟頫为代表。

宋书尚意，以“宋四家”苏轼、黄庭坚、米芾和蔡襄为代表。盛时泰《苍润轩碑跋》中说："宋世称能书者，四家独胜。然四家之中，苏蕴藉，黄流丽，米峭拔，而蔡公又独以浑厚居其上。"他们追求文人之书，倡导书法创作中的个性化和独创性，使学问之气郁郁芊芊发于笔墨之间，凸现出一种标新立异的姿态。书法之意气深受理学之影响，故书法创作重哲理，重书卷气，重风格及意境。诚如苏轼所说，"我书意造本无法，点画信手烦推求"，又称"作字之法，识浅见狭学不足，三者终不能尽妙，我则心目手俱得之矣"。黄庭坚《山答题跋》评价苏轼的书法说："其书姿媚……至酒酣放浪，意忘工拙，字特瘦劲……至于笔圆而韵胜，挟以文章妙天下，忠义贯日月之气，本朝善书，自当推为第一。"

元书宗法晋、唐而少创新，与宋不拘常法的意境追求不同，元书刻意追求形式之美、程式之美，所以赵孟頫鼓吹"用笔千古不易"。他所创立的楷书"赵体"与唐楷之欧体、颜体、柳体并称四体，成为后代效仿的主要书体。明代书画家董其昌认为赵孟頫的书法直接晋人，"因熟而俗"。赵孟頫在书法上的贡献，不仅在于他的书法作品，还在于他的书论。赵孟頫认为："学书有二，一曰笔法，二曰字形。笔法弗精，虽善犹恶；字形弗妙，虽熟犹生。学书能解此，始可以语书也。""学书在玩味古人法帖，悉知其用笔之意，乃为有益。”在元朝书坛享有盛名的还有鲜于枢、邓文原等。

明清时期书法，“台阁体”贯穿于文人的仕途追求之中。由于皇权的需要和提倡，开科选士时，皆用楷书答卷，务求工整。因此，读书人写字唯求端正拘恭。这对于书法家的才华、性情构成了一种无形的束缚，但也推动了帖学书法的发展。明代书法的主要代表人物是“吴门四家”和董其昌。在心学及启蒙思想的影响下，明清书坛也一直存在一股批判的思潮，他们放浪笔墨，狂放不羁，在书法上追求突破。这些代表书家有徐渭、张瑞图、黄道周、王铎、倪元瑞、傅山、八大山人、扬州八怪等人。

金石学的兴起，使得文人从尺牍转向金石考据之学。清代书法在近三百年的发展历史上，经历了一场艰难的蜕变，终于突破了宋、元、明以来帖学的樊笼，开创了碑学。他们回溯到汉字之初，从那些古老的青铜和石头中汲取营养，终于为穷途末路的书法艺术别开生面。著名的书家如金农、张船山、邓石如、何绍基、赵之谦、吴昌硕、张裕钊、康有为等纷纷用碑意写字作画，达到了尽性尽理、璀璨夺目的境地，可谓是中国书法文化的一大景观。

我们在甲骨、青铜、玉石、竹简、绢帛上书写，我们在宣纸上书写。在今天，当那些古老的文字——甲骨文、金文，乃至真草篆隶，带着时间的印痕、历史的沧桑呈现在我们面前时，我们视之为艺术。在今天，我们依然在一遍遍地临摹、书写创造，它们是文化的不朽的灵魂，在笔下、在纸上跳跃，永葆其不竭的生命原力。

第三节　观看之道

一、视觉与心灵

书法的观看之道，在用眼看和用心看，一为视觉，一为心灵。

书法的观看之道，先在其艺术形式。因为欣赏是基于视觉的，第一眼看去，就是艺术的形式。形式来自书法技艺，其包括笔法、字法、章法、墨法、笔势等。

笔法，也称“用笔”，指运笔用锋的方法。唐张怀瓘曾说：“大凡笔法，点画八体，备于‘永’字。”也就是学书所谓“永字八法”。字法，也称“结字”，指字内点画的搭配、穿插、呼应、避就等关系。元赵孟頫于《兰亭跋》中云：“盖结字因时相传，用笔千古不易。”章法，也称“布白”，指一幅作品的整体布局，包括字间关系、行间关系的处理。明董其昌《画禅室随笔·评法书》云：“古人论书以章法为一大事，盖所谓行间茂密是也。余见米痴小楷作《西园雅集图记》，是纨扇，其直如弦，此必非有界道，乃平日留意章法耳。右军《兰亭序》，章法为古今第一，其字皆映带而生，或小或大，随手所如，皆入法则，所以为神品也。”墨法，是用墨之法，指墨的浓、淡、干、枯、湿的处理。中国书画之要在水墨，以墨为体，以水为用，墨分五色，焦、浓、重、淡、清，或又分九种墨法，如浓墨、淡墨、湿墨、干墨、涨墨、宿墨、冲墨、渴墨等。清包世臣《艺舟双辑·述书下》云：“画法、字法，本于笔，成于墨，则墨法尤书艺一大关键已。笔实则墨沉，笔飘则墨浮。”笔势，是用笔规律所展现的意态与气势，如《晋书》评王羲之：“尤善隶书，为古今之冠，论者称其笔势，以为飘若浮云，矫若惊龙。”

艺术形式抽象为线条与墨色。在葛承雍先生看来，书法之线条的运动节奏，形成“势”而表现为“骨力”；墨色的淋漓挥洒，则蓄积着“韵”，表现出“气”。通过骨势气韵的流动变化，又写出了作者情感的波动节律，个性的阴阳刚柔，人格的刚正邪佞，理想的追求寄托，生活的进退沉浮等。人们就是利用这些极富表现力的线条，以深厚的功力和纯熟的技巧，来组合其书法形体结构，从而抒写自己的思绪情怀。所以，透过书法线条的形式妍美，呈现出来的往往是

“人”的文化。“书法的本质即在于用一种形象化的符号表现客观事物的同时，着重反映人的精神世界。”

书法之观看之道，后在其文化内涵。由形式而求其本义。尽管书法之观看是基于视觉的，但书法之领悟却是基于文化的。文化内涵构成了书法的本义。看到文化，须心灵的观看。

文化在独立的每个字中，亦在整体的篇章中；在书者的生命中，亦在观者的感知中。陈寅恪先生曾说：“凡解释一字，即是作一部文化史。”苏轼力倡书法美学的转向，因为在他看来，书法至颜真卿已致其极也，而他追求的，已非技法上的圆满和突破，而是“意气”。书法所展现的是其学问、智慧、人生态度，是郁郁芊芊发于笔墨之间的“学问之气”。明代董其昌曾论书：“晋人书取韵，唐人书取法，宋人书取意。”作为三大传世行书之一的《祭侄文稿》就是最好的例证。《祭侄文稿》向我们展现的，不仅是一幅书法艺术的杰作和珍品，更是一场悲剧——不仅是一个家族的悲剧，而且是一个国家的悲剧；不仅是一个时代的悲剧，而且是一个历史的悲剧；不仅是有唐一人之悲愤，而且是历代名士之决绝。书法之美在其壮美，在其中之大道。李泽厚说：“书法艺术所表现所传达的，正是这种人与自然、情绪与感受、内在心理秩序结构与外在宇宙（包括社会）秩序结构直接相碰撞、相斗争、相调节、相协奏的伟大生命之歌。”

清代的刘熙载在他的《艺概·书概》中这样写道：“书，如也。如其学，如其才，如其志，总之曰如其人而已。”以最简单的工具，直接地把握物我之真，万象之美。“天地万物之变动，可喜可愕，一寓于书。”书法之观看，始于观看，终于感悟；始于形式，终于文化。试以中国三大传世行书之一的《祭侄文稿》为例，来看中国书法之魅力。

二、《祭侄文稿》

安史之乱中，颜真卿的兄长常山太守颜杲卿起兵抗击叛军，一家死者三十余人。两年后，颜真卿面对着侄子的头骨写出了震古烁今的《祭侄文稿》。它与王羲之的《兰亭序》，及宋代苏东坡的《寒食帖》被誉为三大传世行书。

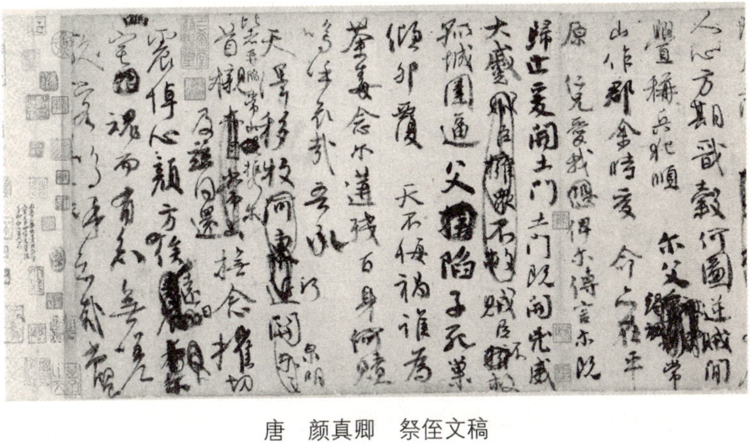

唐　颜真卿　祭侄文稿

安史之乱平定，到唐德宗时，颜真卿以老臣为太子太师。宰相卢杞专权，忌之。建中三年（782 年），李希烈反叛，自立为王。宰相卢杞欲加害颜真卿，就跟皇帝说：“颜真卿是元老大臣，德高望重，全国信服，只要派他出马宣谕，李希烈一定不战而降。”朝中大臣皆知卢杞“借刀杀人”，颜真卿若去，一定凶多吉少，极力阻止。大臣李勉认为这样会失掉一名元老，使朝廷蒙羞，秘密上表坚决请留。可是皇帝昏庸，听信了卢杞的话，还是派颜真卿去宣谕了。走到河南，河南尹郑叔则认为李希烈反叛的迹象已经明显，劝他不要前去，他回答说：“君命能躲避吗？”他到了李希烈的军中，宣布诏书，李希烈的干儿子率千人拿着刀剑抢着上前逼迫他，挥刀往他的身上比画，从绕谩骂，还要吃他的肉。颜真卿毫不畏惧，面不改色。李希烈只好以身体护住他，挥退属下，把他安置在馆驿中。

李希烈逼迫他上疏为自己洗白，颜真卿没有听从。他就这样一直被李希烈囚禁在军中。颜真卿每次给诸子写信，只是告诫严加奉祭家庙，抚恤孤苦贫弱的人，再也没有其他言语。李希烈派降将李元平劝说他，颜真卿叱责道：“你受国家委任，不能完成使命，是看我没有兵器杀你，就来劝说我吗？”李希烈与同党聚会，召来颜真卿，让倡优表演节目斥责侮辱朝廷，颜真卿怒道：“公是人臣，为何如此？”拂衣而去。李希烈非常惭愧。当时与李希烈一并反叛的诸将对李希烈说："久闻太师的大名德行，大人准备登基而太师到来，要寻求出任宰相之人谁能比太师更合适？"颜真卿听罢怒叱："你听说过颜常山吗？那是我的兄长！安禄山反叛，他率先兴起义军，后来虽然被俘，斥骂叛贼不绝于口。我年近八十，官至太师，坚守节操，死而后已，岂能受你们这些人胁迫！"后来，李希烈终于失去耐心，派人缢死了76岁的颜真卿。

唐代是晋代之后又一座书法艺术的高峰。这座高峰的极顶是颜真卿。他最著名的作品就是《祭侄文稿》。"你听说过颜常山吗？那是我的兄长！"穿越一千多年的光阴，这声音依然激荡在中国人的心中。颜真卿之殉国距离其兄颜杲卿殉国二十八年，距离他写《祭侄文稿》二十六年。也许，就在那个清冷的夜里，在他面对颜季明的头骨开始提笔书写《祭侄文稿》的两年前，他就已经开始撰写这篇震古烁今的祭文了，他用了二十八年的时间，完成了这篇祭文。

这张纸宽28.8厘米、长75.5厘米，23行、234字。

这张纸经历一千二百多年的时光，告诉我们曾经发生过什么。我们仿佛能够看到在那遥远清冷的夜里，在一盏孤灯微弱的光芒中，颜真卿久久站立，他内心的波涛依然能够穿越漫长的历史激荡不已。然后，他提笔行书。通篇他只蘸墨五次，却涂改十多处，涂痕和笔端墨尽时的枯笔随处可见。那些笔法是如此草率，却突破了所有的拘束，让任何法度失效；那些文字是如此简约，却力透纸背，无比深邃；那些语句是如此平实，却让任何华丽的辞藻逊色。

朱熹代刘珙为王十朋《王梅溪文集》作序文，其中曾经列出古今“五君子”：

> 予尝窃推《易》说以观天下之人……于汉得丞相诸葛忠武侯，于唐得工部杜先生、尚书颜文忠公、侍郎韩文公，于本朝得故参知政事范文正公。此五君子，其所遭不同，所立亦异，然其心则皆所谓光明正大，疏畅洞达，磊磊落落，而不可掩者也。其见于功业文章，下至字画之微，盖可以望之而得其为人。

五君子者，第一是汉代的诸葛亮，然后是唐代的杜甫、颜真卿和韩愈，最后是北宋的范仲淹。朱熹所论“光明正大”“磊磊落落”，无疑皆是具浩然之气的“大丈夫”之谓，“富贵不能淫，贫贱不能移，威武不能屈，此之谓大丈夫”（《孟子·滕文公下》），这又非一“忠义”所能涵盖，而是以其德、其功、其文践行生命的终极追求所在，这是生命的浩然之气。朱熹笔下，古今五人，大唐独占三人，这是大唐气象之所孕育。一篇《祭侄文稿》就是大唐盛世最后的哀歌。在这歌中，在颜真卿的笔下，在他激愤不能自已的情绪中，是对生命的礼赞，这种礼赞来自中国人观念中生命之不朽的可能。

书者，人也。在人类艺术史上，确乎是没有哪一种艺术形式，能如书法这样展现一个人的精神世界，并可由此推至其时代之精神，再可推至其文化之精神。北宋董逌《广川书跋》即云："鲁公于书，其过人处正在法度备存而端劲庄持，望之知为盛德君子也。"《宣和书谱》则载："惟其忠贯白日，识高天下，故精神见于翰墨之表者，特立而兼括。"

第五章

中国画

这幅画没有背景，没有远山，没有村舍，没有树木，没有草地，甚至没有天空，没有大地，一切皆隐没于纸张的纹理之中。只有这纸，在时光的冲刷下，日益显现出黄土的颜色。它们以一种永恒的姿态站在那里，仿佛正面对一个突然的闯入者。一头牛对这闯入者毫不在意，依然低头慢慢地啃草，顺便在还没发芽的荆棘枝条上蹭一下痒，淡然，享受，一副宠辱不惊的样子；一头牛似乎受了一点惊吓，翘首走开，但又走得不急不缓，仿佛怕失了身份；一头牛顾自走开，却忍不住回头来看，它伸着舌头，一脸的俏皮，似乎被打扰了，有点无奈，又觉得无所谓，做个鬼脸鄙视一下，也像是在招呼同伴跟它一起离开；而它的那个伙伴，面对着这个突然的闯入者，根本就不害怕，甚至都没有一点慌张，只是瞪着闯入者，满眼的好奇，那么纯真自然，像在猜一个好玩的谜语；只有那头戴着笼头的大黄牛，冷漠地瞥一眼这不速之客，继续缓步跂行，苦苦思索，眼神中有难过，有恼怒，有无奈——只有它不高兴。

这是中国艺术史上现存最早的纸本绘画真迹——唐代韩滉（723—787 年）的《五牛图》。

唐　韩滉　五牛图

这宣纸之上的中国，留给我们最早的印记，不是人物，不是山水，也不是花鸟，而是并不多见的题材——牛。这仿佛是一个民族的隐喻。如果说有一种生灵能够代表中华民族五千年农耕文明的历史，那必定是牛这种动物。牛既是中华民族繁衍生息的重要依赖，也代表着一个伟大民族的勤奋与坚忍。不管是芳草萋萋的无限春光中，还是风雪呼啸的艰难寒冬中，它都不为所动，沉默，倔强，负重前行——像极了中华民族所经历的无数辉煌和苦难。因此，这幅画已经不仅仅是一幅艺术珍品，历经一千多年，它阅尽人间沧桑，时光凝聚其中，成为民族精神的化身。或许，这正是艺术的最高境界。

韩滉出身显宦之家，历经唐玄宗至唐德宗四代，职务从地方官做到刺史、宰相。大画家阎立本（约601—673年）也曾为相，在唐太宗朝曾任右相，与左相姜恪对掌朝政。姜恪历任将军，立功塞外，故时人以《千字文》为语说："左相宣威沙漠，右相驰誉丹青。""右相驰誉丹青"其实是说阎立本唯善于图画，非宰辅之器。韩滉则不然，是一个有韬略的政治人物，历史对他褒贬不一。他有一个优点，就是一向节俭，一身衣服、睡的被褥能十年不换，没有豪宅，住处只能算遮风挡雨，从来不为家人谋私利。作为政治家，他又以丹青驰誉中国艺术史。除了画画，他最喜欢弹琴。他绘画远师南朝陆探微，书法也很好，学张旭的草书，得其韵味。

因《五牛图》，历史上皆知韩滉画牛之精妙，《宣和画谱》虽称韩滉画牛"落笔绝人"，却将韩滉列入"人物门"。原来，韩滉在当时以人物画最为著名，造诣精深，自成一家。唐中晚期的画家程修己认为，周昉的人物画姿态过于丰硕而伤其俊秀，张萱的人物画用色太过艳丽而影响神情，只有韩滉的人物画能兼张、周之长又弃其不足，尽善尽美。

在善人物的基础上，韩滉"尤好图田家风俗"，描绘农家事物、风俗人物。表现农家生产、生活场面的田园风俗画在韩滉绘画中占有重要的位置。《宣和画谱》所载北宋御府藏韩滉画迹 36 幅中，有 19 幅是田园风俗，13 幅是人物，而牛畜画只有 4 幅。韩滉田园风俗绘画见于著录的还有《村童嬉戏图》、《鼓腹图》(《画鉴》) 和《归去来图》(《云烟过眼录》) 等。《石渠宝笈》对韩滉《田家风俗图》和《丰稔图》有详细的记载和描述。

通过韩滉的故事，我们能够知道唐代绘画的情况，既涉及技法，也涉及画类，更涉及艺术家的身份。唐代绘画上承魏晋南北朝，下启宋代，是中国画历史上最重要的时代之一。

中国画是中国的传统绘画形式，又称国画，是用毛笔蘸水、墨、彩作画于绢或纸上。但中国传统的彩陶画、壁画、瓷画等也属广义上的中国画，而纹饰、雕刻、版画等对于符号、图案及图画的表现也与中国画有着密切的联系。

在中国艺术创造中，素有书画同源之说。还有人认为伏羲画卦、仓颉造字，为书画之先河。这种说法并不准确。历史遗迹、文献记载以及文化推断都能够证明，绘画先于文字。绘画首先是对物象的描绘，如史前时代的岩画、彩陶画，即追求象形，汉字则是在象形基础上抽象出来的符号。

第一节 画 类

中国画的分类繁多，最早见于唐德宗时（779—805年在位）朱景玄的《唐朝名画录》：“夫画者以人物居先，禽兽次之，山水次之，楼殿屋木次之。”那时花鸟画还未单列。到宋代郭若虚《图画见闻志》，就分为人物、山水、花鸟、杂画四门，杂画包括畜兽、云龙、水、火等。邓椿《画继》分仙佛鬼神、人物传写、山水林石、花竹翎毛、畜兽虫鱼、屋木舟车、蔬果药草、小景杂画八门。刘道醇《五代名画补遗》则分为七门：人物、山水、走兽、花竹翎毛、屋木、塑作、雕木。《宣和画谱》增为十门，为道释、人物、宫室、番族、龙鱼、山水、鸟兽、花木、墨竹、蔬果。明代陶宗仪则在《辍耕录》中将画分为十三科。这十三科是佛菩萨相、玉帝君王道相、金刚神鬼罗汉圣僧、风云龙虎、宿世人物、全境山水、花竹翎毛、野骡走兽、人间动用、界画楼台、一切傍生、耕种机织、雕青嵌绿。

我们按题材分，通常分为人物画、山水画、花鸟画。山水画展现了中国人的宇宙观，天地玄黄，宇宙洪荒，不仅是空间的营造，而且是横亘过去和未来的时间的显形，时空交互，构成了人内心的自然。人物画是人的世界的探究，是人对生命自身的观照，是关于信仰、道德和热爱的心灵呓语。花鸟画表现的是自然的和谐和生命的欣欣向荣。

战国人物龙凤帛画

人物画是以人物作为画面主要表现对象的画科。战国楚墓出土的《人物龙凤》与《人物驭龙》帛画是已知最早的独幅人物画作品。顾恺之与曹不兴、陆探微、张僧繇合称“六朝四大家”。顾恺之作画，意在传神，其“迁想妙得”“以形写神”等观点，为中国传统绘画的发展奠定了基础。其画人物衣纹用高古游丝描，线条紧劲连绵，如春蚕吐丝，春云浮空，流水行地，自然流畅。顾恺之的作品无真迹传世，流传至今的《女史箴图》《洛神赋图》《列女仁智图》等均为唐宋摹本。“以形写神”的美学观念经过“四家”的艺术实践而走向成熟。张僧繇“画龙点睛”的故事就是一例。据传张僧繇还创造了一种不用轮廓线的“没骨”法，全用色彩画成，改变了顾恺之、陆探微以来瘦削的人物形象，创造出比较丰腴的造型。张怀瓘评价：“象人之美，张（僧繇）得其肉，陆（探微）得其骨，顾（恺之）得其神。”盛唐时期吴道子的人物宗教画、张萱与周昉的仕女画都将人物画推向高峰。五代十国时期南唐画家顾闳中的《韩熙载夜宴图》成为最著名的作品。五代两宋时期，随着宫廷画院的兴办，工笔重着色人物画更趋精美，李公麟的白描技法又开创了人物画的文人画风。尤其南宋梁楷的泼墨人物横空出世，标志着写意人物画肇兴。自此，中国人物画一直朝着工笔和写意两个方向发展。山水、花鸟在作为独立画科出现之前，是作为人物的背景和点缀而存在的，代表如《洛神赋图》。

山水画主要以自然为表现对象。以山水、树石、烟云等景物描绘天地，以人物、建筑、舟车等点景，体现出天人合一的文化精神。东晋隆安四年（400 年）仲春之月，慧远大师率领弟子 30 余人游庐山石门涧。这次远足，不仅诞生了中国文学史上第一篇山水游记——庐山诸道人《游石门诗》，而且还深刻影响了一个人的一生。这个人就是宗炳（375—443 年）。402 年，宗炳前往庐山从慧远学习佛法，只住了 50 天。就在这一年的七月二十八日，慧远率门徒 123 人结白莲社，宗炳便列其中，为“东林十八高贤”之一。在这短短的 55 天中，他慕名上石门涧，庐山的山水之美给宗炳带来了深深的震撼，他自此狂热地爱上了游山玩水，一爱即一生。从此，他饮溪栖谷 30 余年，直到老迈，再也走不动了，才回到江陵家中。他将游历所见景物，绘于居室之壁，自称

“澄怀观道，卧以游之”。宗炳出身士族，屡次拒绝做官的征召，他深谙佛学，却以画而闻名于后世。他晚年居家中，写出了《画山水序》，成为中国艺术史上最早的山水画论，对后世的画论产生了重要影响，并具有普遍的美学意义。他在这篇文章中说，他无比地眷恋着曾经游历的庐山和衡山，与荆山和巫山也分别久矣，不知不觉中竟至年迈，恨不能像神仙家那样凝气怡身，重回年轻，憾不能再回魂牵梦绕的石门涧，只能在画纸上描绘那些山水云岭了。宗炳在《画山水序》中提出“应目会心”“咫尺万里”的原理，将崇山峻岭置于盈尺之间，“张绢素以远映”，“竖划三寸，当千仞之高；横墨数尺，体百里之迥”。他从佛学的眼光提出“山水质有而趣灵”“山水以形媚道”的观点，第一次将“形神论”从人物画引入山水画领域，不仅对宋代山水画论产生影响，而且使“形神论”在造型艺术领域具有普遍意义。《画山水序》一反儒家的政教观，从佛学角度以“澄怀味象”“神超理得”“闲居理气”言山水画欣赏及其心态，提出了超功利的审美性，“圣贤映于绝代，万趣融其神思。余复何为哉，畅神而已”。在充满儒家色彩的人物画论外别立一宗，成为传统美学理论发展的一大步。

《中国大百科全书·美术卷》将山水画分类为：青绿山水（金碧山水）、水墨山水（墨笔山水）、浅绛山水（淡着

北宋　王希孟　千里江山图

色山水）、小青绿山水和没骨山水。在艺术史上，青绿山水和水墨山水影响最大，前者成为宫廷绘画的代表，后者则是文人画的代表。明代董其昌又将唐代“二李”的青绿山水视为北宗的开端，将王维的水墨山水视为南宗的肇始。在传世名作中，北宋王希孟的《千里江山图》和元代黄公望的《富春山居图》可谓二者之典型。

无论创作还是欣赏，“三远”都是山水画的一个法门。北宋郭熙在《林泉高致》中提出“三远论”：高远、深远、平远。自山下而仰山巅，谓之高远；自山前而窥山后，谓之深远；自近山而望远山，谓之平远。后人总结为“散点透视”“无点透视”和“鸟瞰法”。

花鸟画则是以自然界的花鸟等为主要表现对象。花鸟画不仅仅是花与鸟，而是泛指各种动植物，包括花卉、蔬果、翎毛、草虫、飞禽等类，因此又可细分为花卉、蔬果、翎毛、草虫、畜兽、鳞介等支科。北宋《宣和画谱·花鸟叙论》云：“诗人六义，多识于鸟兽草本之名，而律历四时，亦记其荣枯语默之候，所以绘事之妙，多寓兴于此，与诗人相表里焉。”可见，花鸟画是诗性而抒情的，是在自然中寻找生命的性灵。花鸟画的画法中有“工笔”“写意”“兼工带写”三种。

岑家梧在《唐宋花鸟画的发展》（1940 年）一文中指出：花鸟画的表现手法，唐宋以来，均以写生为主，这种技巧上的修养工夫，唐代三家已经做到。到唐宋时期，花鸟画在思想的表现上出现两大分野，一是士大夫的文人抒情寄兴之作，“不是单纯的客观写照，而是主观的自我生命之表白”；一是画院画家的应诏之作，“不得不以浓厚的色彩，使其堂皇而富丽，以似为工”。这两派的花鸟画，在传统的士大夫看来，都认为画院派的画缺乏生命的情趣，文人派的花鸟画则寓意深远，趣味无穷。文人画的兴起首先是从花鸟开始突破的。例如，从北宋开始，一股水墨写意而以枯木、竹石、梅兰为题材的文人画兴起。后来梅兰竹菊“四君子”成为花鸟画科中千百年不衰的体裁，也成为文人花鸟画的最重要题材。

第二节 画 史

史前时代，人们在岩壁上作画，在陶器上作画，这是我们今天所见的原始岩画和彩陶画。其后，人们又用纹样和图画来装饰青铜器，以及章服、玉器、牙骨雕刻、漆木器等。在青铜器中，纹样如兽面纹、夔龙纹、云雷纹、蝉纹等；图画如赵固出土的刻纹铜鉴，就集中表现了贵族生活中宴乐、射礼、祭祀等礼仪活动；山彪镇出土的水陆攻战纹鉴、故宫藏宴乐铜壶等则表现了战争的景象。汉画像石、砖刻等也都是绘画艺术的应用。

秦汉时代的绘画，大致包括宫殿寺观壁画、墓室壁画、帛画等门类。绘画的政治宣传和道德说教功能受到重视。毛延寿是汉元帝时最著名的人物画家，据晋葛洪《西京杂记》载，他“为人形，丑好老少，必得其真”。传说汉元帝（前48—前33年）后宫佳丽太多，就让画工画像，根据图像的美丑召幸。于是宫人们就纷纷贿赂画工，让他们把自己画得漂亮些。王嫱（即王昭君）是宫人中最美的，她却不肯贿赂画工，于是被画工毛延寿画得最丑，也就从未被召幸。后来匈奴入汉求和亲，汉元帝就把图像中最丑的一个嫁给匈奴单于。上殿辞行的时候，汉元帝才发现王嫱是绝世美人，貌美压后宫。但既然答应了，也只好把王嫱嫁给匈奴。这才有了著名的“昭君出塞”的故事。汉元帝又恼又悔，追究画像之事，因而毛延寿被杀，很多画工逃走、被抄家。北宋王安石写诗却如此慨叹：“归来却怪丹青手，入眼平生几曾有。意态由来画不成，当时枉杀毛延寿。”

在魏晋南北朝时期，曹不兴创立了佛画，他的弟子卫协在他的基础上又有所发展。作为绘画走向成熟的标志之一，南方出现了顾恺之、戴逵、陆探微、张僧繇等著名的画家，北方也出现了杨子华、曹仲达、田僧亮等诸多大家。画家这一身份逐渐地进入了历史书籍的撰写之中，开始在社会生活中扮演愈来愈重要的角色。在这一时期，人物画除了沿袭秦汉以来的各大题材，又出现了佛教故事题材和文人士大夫题材，如士大夫肖像画、士大夫生活情态写真，此外还有仕女画，即女性题材绘画。顾恺之（348—409 年）是这一时期最具代表性的艺术家。他博学有才气，工诗赋、书法，尤善绘画。精于人像、佛像、禽兽、山水等，被时人称为三绝：画绝、文绝和痴绝。谢安深重之，以为苍生以来未之有。南齐谢赫在其著作《画品》中提出了“六法论”。“气韵生动，骨法用笔，应物象形，随类赋彩，经营位置，传移摹写”的“谢赫六法”构架了一个初步完备的绘画理论体系框架——从表现对象的内在精神、表达画家对客体的情感和评价，到用笔刻画对象的外形、结构和色彩，以及构图和摹写作品等，总之创作和流传各方面，都概括了进去，成为中国古代美术品评作品的标准和重要美学原则。宋代郭若虚《图画见闻志》说："六法精论，万古不移。"

隋朝有绘画名家如杨子华、展子虔等人。杨子华原是北齐的一个将军，却善丹青。传说他画马在壁上，夜间犹闻马索水草而嘶鸣，又在纸上画龙，卷舒时有云彩萦绕。他还善画牡丹，宋人苏轼也面对牡丹浩叹曰："丹青欲写倾城色，世上今无杨子华。"只可惜他的画都没有流传下来。他却成为画史所载画牡丹最早的一个画家。展子虔有著名的《游春图》传世。唐代是中国历史上绘画艺术的高峰。唐初，阎立德、阎立本兄弟及尉迟乙僧的绘画活动，以及以敦煌220窟为代表的壁画体现着此一时期绘画艺术的最高成就。盛唐、中唐时期，吴道子及其画派体现了佛教美术民族化的巨大成就，张萱、周舫的人物画，韩幹的鞍马画，韩滉的风俗画，李思训、李昭道父子的山水画等都取得了巨大成就。王维更是以其水墨山水开启了文人画的先河。安史之乱以后，四川成都逐渐成为绘画中心之一。"蜀虽僻远，而画手独多于四方"，为五代时期西蜀绘画的繁荣打下了基础。张彦远于大中元年（847年）完成的《历代名画记》成为现存最早的一部绘画通史巨著。书中搜集了自古迄会昌元年（841年）画家372人的史传，书前还有关于绘画问题论评16篇，阐述著者对绘画艺术的美学观点，记录了画家师承源流、山水画发展概貌及绘画收藏、寺观壁画等，保存了历代绘画的珍贵史料。

五代十国时期以中原、西蜀和南唐这三个地区的绘画最为发达。寺观壁画活动仍保持相当规模。山水画经过荆浩等画家的创造，尤有新的进展。地处边远的敦煌，在曹议金家族的比较稳定的统治之下，莫高窟的壁画绘制仍在持续进行，并显示出一定的起色。这一时期，山水画家荆浩、关仝、董源、巨然，花鸟画家黄筌、徐熙，人物画家贯休、周文矩、顾闳中等，都对后世产生了重大影响。

敦煌壁画

宋代绘画是中国古代美术发展史上最辉煌灿烂的时期，之后的历代画家都从宋画中汲取营养。两宋300多年，民间绘画、宫廷绘画、士大夫绘画各自形成体系，彼此间又互相影响、吸收、渗透，构成宋代绘画丰富多

北宋　范宽　西山行旅图

彩的面貌。

在五代南唐、西蜀建立画院的基础上，宋代继续设立翰林图画院，以培养宫廷需要的绘画人才。北宋徽宗时还曾一度设立画学，分为佛道、人物、山水、鸟兽、花竹、屋木六科。《宣和画谱》著录藏画，则分为道释、人物、宫室、番族、龙鱼、山水、鸟兽、花木、墨竹、蔬果十门。

北宋100余年间，李成、范宽的山水画成就最大；其后出现了以李公麟为代表的鞍马人物画、以郭熙为代表的山水画和以崔白为代表的花鸟画；宋徽宗时期是宋代宫廷画院最为繁荣的时期，善画百马、百雁的马贲，开南宋山水画新风的李唐，善画风俗界画的张择端，天才少年王希孟，以画婴儿、货郎著称的苏汉臣等人，都以画艺精湛而著称。

南宋时期，山水画继李唐之后，代表画家为刘松年、马远、夏圭等人。梁楷、牧溪、温日观的水墨、减笔则开了元明写意画之风气。

唐代出现的文人画，从北宋中后期以后形成巨大的艺术潮流。两宋时期文人士大夫中涌现了仲仁、扬无咎的墨梅，文同的竹，苏轼的古木怪石，米芾、米友仁父子的云山，赵孟坚的水仙等，成为后世文人画家追随学习的典范。此外较为著名者还有燕肃、晁补之、宋道、宋迪、蔡肇、张舜民等人。

在绘画高度繁荣的基础上，绘画理论著述也大量问世。画史、画论、绘画赏鉴及收藏著录等著作大量流传，如《图画见闻志》《宣和画谱》《画史》《林泉高致》等，成为今日研究古代绘画的重要文献依据。

元代绘画中，文人画占据画坛主流。因元代未设画院，除少数是专业画家，直接服务于宫廷外，其他大都是身居高位的士大夫画家和在野的文人画家。他们的创作比较自由，多表现自身的生活环境、情趣和理想。山水、枯木、竹石、梅兰等题材大量出现，直接反映社会生活的人物画减少。作品强调文学性和笔墨韵味，重视以书法用笔入画和诗、书、画的三结合。在元代短短 90 余年内，画坛名家辈出，如赵孟頫、钱选、李衎、高克恭、王渊等皆为名家。号称“元四家”的黄公望、吴镇、倪瓒、王蒙最负盛名。

赵孟頫被尊为“元代冠冕”，于书于画皆为一代之领袖。其妻管道升是中国历史上鲜有的女艺术家，聪明慧敏，仪雅多姿，“翰墨词章，不学而能”，在绘画方面，以墨竹见长，兼工山水、佛像。管道升还是一位典型的贤妻良母，赵孟頫曾经称赞她“处家事，内外整然，岁时奉祖先祭礼，非有疾必齐明盛服，躬致其严。夫族有失身于人者，必赎出之。遇人有不足，必周给之无所吝。至于待宾客，应世事，无不中礼合度”。赵孟頫和管道升造就了中国艺术史上著名的艺术家族。他们有三个儿子六个女儿，其中一个儿子早卒。他们的儿子赵雍，孙子赵麟、赵风、赵彦正，外孙王蒙，都以书画而名著后世。“赵氏一门”三代人出了七个大画家，这都得益于管道升对子孙的悉心栽培。赵孟頫、赵雍、赵麟祖孙三人都曾画《人马图》，后人将其合卷，称为《赵氏三世人马图卷》。元至正二十二年（1362年），王蒙还在《赵氏三世人马图卷》上题跋，谓赵雍笔法得曹霸为多，赵麟笔法得韩幹为重，赵孟頫则“兼曹韩而获其神妙”。成就了中国艺术史上的一段佳话。

明代画风迭变，画派繁兴。在绘画的门类、题材方面，传统的人物画、山水画、花鸟画盛行，文人墨戏画的梅、兰、竹及杂画等也相当发达。在艺术流派方面，涌现出众多以地区为中心，或以风格相区别的绘画派系。在师承方面，主要有师承南宋院体风格的宫廷绘画和浙派，以及发展具象文人画风格的吴门画派。在画法方面，水墨山水和写意花鸟勃兴，成就显著，人物画也出现了变形人物、墨骨敷彩肖像等独特的新面貌。另外，民间绘画，尤其是版画，至明末呈现繁盛局面。

浙派以戴进和吴伟为代表。中期以沈周、文徵明为代表的吴门画派，主要继承宋元文人画的传统，成为画坛主流。以沈周、文徵明、唐寅、仇英最负盛名，画史称为“吴门

明　徐渭　墨葡萄图

四家”。徐渭是从根本上完成水墨写意花鸟画变革的一代大家，其画风有力地推进了后世写意花鸟画的发展，画史称为“青藤画派”。

清代文人画呈现出崇古和创新两种趋向。在题材内容、思想情趣、笔墨技巧等方面各有不同的追求，并形成纷繁的风格和流派。宫廷绘画在康熙、乾隆时期也获得了较大的发展，并呈现出迥异前代院体的新风貌。民间绘画以年画和版画的成就最为突出，呈现空前繁盛的局面。

清代初期以“清初六家”“金陵八家”“四僧”及新安画派为代表。“四王”主要指明末清初王时敏、王鉴、王翚、王原祁四人，加上吴历、恽寿平，合称“四王吴恽”或“清初六家”。南京的“金陵八家”，以龚贤为首，重视师法自然，主要描写南京一带风光，揭示山川之美。“四僧”为石涛、八大山人、髡残和弘仁（即渐江）。新安画派是明末清初之际，一批遗民画家以黄山、白岳及徽州山水为创作题材而形成的一个绘画流派。弘仁是新安画派的领军人物。

中期以“扬州八怪”为代表。这一时期，最负盛名的人物画家有焦秉贞、冷枚、金廷标、丁观鹏等。山水画家有唐岱、徐扬、张宗苍、方琮等。花鸟画家有蒋廷锡、邹一桂等。还有一批供奉内廷的外国画家，如郎世宁等人。

后期以海派和岭南画派为主。海派代表画家有赵之谦、虚谷、任熊、任颐、吴昌硕。岭南画派由居巢、居廉兄弟开其先声。

第三节 画 法

《考工记》载：

画缋之事：杂五色。东方谓之青，南方谓之赤，西方谓之白，北方谓之黑。天谓之玄，地谓之黄。青与白相次也，赤与黑相次也，玄与黄相次也。青与赤谓之文，赤与白谓之章，白与黑谓之黼，黑与青谓之黻，五彩备谓之绣。土以黄，其象方，天时变。火以圜，山以章，水以龙、鸟、兽、蛇。杂四时五色之位以章之，谓之巧。凡画缋之事，后素功。

《考工记》载“画缋之事”，“缋”初指包括“绘”（涂绘）与“絺”（或紩、黹）两种工艺的修饰织物的手段。“画”是勾线，“缋”是涂色，“画缋之事”初指画工以线条勾画纹样，再由缋工刺绣染色的一整套工艺流程，属古代章服制度的范畴，却因其图绘观念的确立，而成为后世绘画美学的基本原则。

线与色构成了中国画的最根本技法。线，画出了黑和白、有和无；色，由墨与彩描绘出中国人的世界。在墨色中，中国人将世界抽象为一种纯色，墨分五色，世界在黑与白中千变万化，黑白相融，阴阳相交，脱离物象，直击灵魂，这是真正的大道至简；彩色的描摹，不是还原一个世界，而是总结一个世界，随类赋彩，是发现物的永恒的属性，赋予它一种人的色彩，这是对世界的重新定义。

一、线条：一画之法

唐代张彦远《历代名画记》谓："无线者非画也。"到清代石涛，他在《画语录》开篇即云："太古无法，太朴不散，太朴一散而法立矣。法于何立？立于一画。一画者，众有之本，万象之根，见用于神，藏用于人，而世人不知。所以一画之法，乃自我立。"所谓"一画"，一根线条之谓也。周汝昌引用《老子》"一生二,二生三,三生万物"认为，"一画"不只是"一条横线"的意思，还是"最原始最完整的线"的意思，是"最上大法也"。他认为，和世界文化相比，西方喜散，分析事物、订立法则愈来愈细，见散而不知归，发展下去，足以毁灭艺术。石涛"立法"，有"念朴"之心，不忘"太古无法"之时"太朴不散"的本真浑朴之气。

线条其实是东西方绘画的共同语言，无论西方的洞穴壁画，还是中国的岩画和彩陶画，都是用简单的线条进行勾勒。随着文明的演化，中国绘画越来越重视线条的美，人们发现了那些线条的律动，他们无比注重用笔墨创造这种凝固的乐章，表达他们的情感。一幅作品中的意境、灵性、气势、神韵，都会通过线条得以创造。西方绘画则更加重视明暗与色彩，他们追求描绘对象的实体和造型，展现事物的本质上的空间性。

在中国画中，线条被赋予人的情感。因为线条不仅用于造型，去勾画轮廓，它更被用于表现质感、明暗和情调。线条中包含着作画者的情感、审美、学识以及对世界的观念。

中国书画是基于水墨的，线条成为最基本的艺术法则。因为线条，水墨和宣纸，就成为黑与白、阴与阳的中国哲学在艺术中的幻化。大道至简的中国哲学将一个五彩斑斓的世界抽象到黑与白、虚与实。在一张宣纸上，画出一条线，我们就能够看到天和地；画一个圈，我们就看到朗朗乾坤；画一只鸟，我们就看到天空；画一条鱼，我们就看到江河。因为水墨的存在，一张空白的宣纸上不再是“无”，而是“空”，“无”是不存在，“空”，却是一切皆存在的可能，它并且能够包容、化解这一切的存在。

中国画的线条的表现形式主要有描法和皴法两种。

描法即线描，既是造型的主要手段，又成为具有独立艺术价值的画种（白描）。清沈宗骞《芥舟学画编·人物琐论》记："学者当先求之笔墨之道，而渲染、点缀之事后焉。其最初而最要者，在乎以笔勾取其形，能使笔下曲折周到、轻重合宜，无纤毫之失，则形得而神亦在个中矣。"历代画家名手辈出，传派各不相同：其一，赵孟頫出于李公麟，李公麟出于顾恺之，此所谓铁线描之一系；其二，马和之、马远，则出于吴道子，此所谓兰叶描。明代邹德中《绘事指蒙》就总结了"描法古今一十八等"，即通常所谓"十八描"。"线"在中国画中是以"用笔"来展示的，因此，中国画对笔墨、笔力、笔法都十分讲究，画家通过线的轻重转折、速度的快慢、墨色的干湿浓淡来展现中国画的独特魅力。宋朝韩拙在《山水纯全集》一书中曾说："笔以立其形质，墨以分其阴阳。"黄宾虹也说："气关笔力，韵由墨生；笔有力而后能用墨，墨可有韵，有气韵而后生动，有笔力然后可观水墨之干湿浓淡，以笔法之强，能使墨法变化从心。""先以笔蘸浓墨，再将笔略蘸清水，作书作画，墨色自然滋润灵活，似有水墨旁沁，终见行笔绵里藏针是驾驭水墨神化的关捩。"

皴法画时先勾出轮廓，再用淡干墨侧笔而画，是表现山石、峰峦和树身表皮的脉络纹理的画法。山水画传统的皴法繁多，大约可分为以线为基本表现形态的、以面为基本表现形态的和以点为基本表现形态的三大类。清代郑绩《梦幻居画学简明·论皴》列十六种皴法："古人写山水，皴分十六家：曰披麻，曰云头，曰芝麻，曰乱麻，曰折带，曰马牙，曰斧劈，曰雨点，曰弹涡，曰骷髅，曰矾头，曰荷叶，曰牛毛，曰解索，曰鬼皮，曰乱柴。此十六家皴法，即十六样山石名目，并非杜撰。"画家应用些皴法去表现物象的阴阳、向背、凹凸等不同的形态和质感。

二、色彩：墨以植骨，色以融神

中国画之色彩的运用，经历了"色彩—水墨"的革命性转变。我们又称绘画为"丹青"，就是因为初起绘画多以彩色作画。丹指丹砂，青指青雘，是两种可作颜料的矿物，是早期绘画常用的朱红色和青色两种颜料来源。《汉书·苏武传》载："竹帛所载，丹青所画。"《晋书·顾恺之传》载："尤善丹青。"从近代宗炳在《画山水序》中所提到的"以色貌色"，再到谢赫在《古法品录》中提倡的"随类赋彩"，都突出了色彩在绘画中的运用。直到唐代，杜甫《丹青引赠曹将军霸》还称："丹青不知老将至，富贵于我如云。"

艺术史上的唐宋转折，最具标志性的事件就是文人画的出现，笔墨趣味被一批文人发掘、继承和发扬。从此"水墨”替代“色彩”成为绘画的主流。我们称这次中国传统绘画语言体系的巨变为“水墨之变”。自此，水墨、丹青皆为主流，但因为文人对于水墨的偏爱，尤其是水墨因宣纸作用所产生的迷人魅力，使得水墨为上，色彩从之。墨与色，成为中国画色彩美学的核心。墨以植骨，色以融神——沈宗骞在《芥舟学画编》中精确地论述了墨与色的关系。

在中国文化艺术与文明的进程中，从山顶洞人在墓葬中对于红色的赭石的应用，到南方岩画对红色的普遍应用，再到新石器时代，人们已经在彩陶的描绘中构建了以红与黑为对比的象征性色彩体系。《考工记》中，“黼黻文章”指的就是古代礼服上所绣的色彩绚丽的花纹，泛指华美鲜艳的色彩。作为中国山水画画论的开端，宗炳在其所著的《画山水序》一文中提出了“以形写形，以色貌色”的绘画主张，就是以自然物象为依据，表现事物的最真实的色彩。谢赫在《古法品录》中提出“随类赋彩”，终于将绘画中色彩的应用提升到理论的高度，并且成为后世中国画的色彩应用大法。“类”是将万物统一纳入色彩的体系之中，青绿山水就是一例，将山水抽象于青绿之色，展现出一种真实世界中并不存在的美，但我们又会觉得那就是山水所应有的样子，这就是对色彩的提炼和升华。青绿山水在唐代大盛，也是从唐代开始，艺术家们开始运用色彩晕染来对自然进行表现，这一时期所用的色彩大多为赭、白、绿、黄、朱、墨。盛唐也是中国工笔重彩画发展的鼎盛时期。

《左传·昭公二十五年》杜预注曰："画缋之事，杂用天地四方之色，青与白，赤与黑，玄与黄，皆相次，谓之六色。"人类在脱离蒙昧之初就发现了第一抹颜色，其后便不断拓宽色彩的边界。从基础五色的青赤白黑黄，不断相杂衍生出诸如青绿、金碧、天青、月白、绯红、石青、铜绿等极具意蕴的中国色，又将这些颜色加诸各种器物之中，成为一种生活的颜色。我们历数中国人从自然中、从历史中捕捉到的这些变幻的色彩，就宛如一场风雅的旅行。

中国画中最重要的色彩是黑与白。

唐代张彦远《历代名画记》："运墨而五色具。"墨分五色指以水调节墨色多层次的浓淡干湿。一般是指墨色形成过程中的一种变化。墨色的变化分为焦、浓、重、淡、清五种。

在绘画中对墨的运用的极致是"泼墨"。唐朝画家王洽在绘画上以"泼墨取胜"。相传王洽疯癫酒狂，醉后，往往"以头髻取墨，抵于绢素"。朱景玄《唐朝名画录》说，王洽"凡欲画图障，先饮，醺酣之后，即以墨泼"，"或挥或扫，或淡或浓，随其形状，为山为石，为云为水，应手随意，倏若造化。图出云霞，染成风雨，宛若神巧，俯观不见其墨污之迹"。清代沈宗骞《芥舟学画编·设色琐论》云："墨曰泼墨，山色曰泼翠，草色曰泼绿。泼之为用，最足发画中气韵。"宋李成则善用淡墨。所以画史评论："王洽泼墨，李成惜墨，两家相合，乃成画诀。"

在中国画里，"墨"并不是只被看成一种黑色。在一幅水墨画里，即使只用单一的墨色，也可使画面产生色彩的变化。张彦远就认为山水中的五色，即青、赤、黄、白、黑五色调和出来的各种色彩，会随着阴晴和季节的变化而有不同的呈现，如果用墨把变化的特征大体表现出来，就会产生山青、草绿、花赤、雪白等效果，不必涂上空青、石绿、丹砂、铅粉等颜料。同理，凤鸟羽毛固然呈现五色，但墨画的凤鸟只要用墨精到，也会给人五色杂陈的印象。因此，在绘画中，人们还会将墨分五色，加上"白"，合称"六彩"。

其实，由墨色而生发出的真正的白，是空白，也就是为使整个作品画面、章法更为协调精美而有意留下相应的空白，即"留白"。留白成为国画的独特的构图模式。绘画中的"留白"给予了作品巨大的想象空间，是中国画颇具魅力的表现手法。留白契合了道家"天地万物生于有，有生于无"的哲学。南宋马远的《寒江独钓图》，只见一幅画中，一只小舟上，一个渔翁在垂钓，整幅画中没有一丝水，却让人感到烟波浩渺，满幅皆水。这种对"有与无"的艺术呈现，构成了中国画中的意境的生成。

第四节 画 作

一、鹳鱼石斧图

出土于河南汝州（原临汝县）阎村的鹳鱼石斧纹彩陶缸是仰韶文化的杰出代表作。陶缸所绘鹳鱼石斧图纵 37 厘米，横 44 厘米。整幅作品的内容分为两组：右边画的是一把竖立的装有木柄的石斧。石斧上的孔眼、符号和紧缠的绳子，都被真实、细致地用黑线条勾勒出来。左边画的是一只圆眸、长喙、两腿直撑地面的水鸟。它昂着头，身躯稍微向后倾，显得非常健美，嘴上衔着一条大鱼，面对竖立的石斧。这幅画脱离了装饰性的“图案”的范畴，而成为有着强烈主题意味的“绘画”。尽管受到工具材料和技法简单的限制，这幅图却产生了中国画最基本的技法——勾线法和没骨法。绘画者为表现大鸟白羽轻柔的感觉，大胆采用了“没骨法”，而石斧则采用了“勾线法”，全用浓粗的线勾勒而成。在斧子、鱼身中，则使用了中国画中常用的“填彩法”。这幅图因此被称为中国艺术史上“能见到的最早的一幅绘画”。在绘画史上，它不仅反映了人类童年绘画萌芽时期的艺术风格，而且以其宏伟的气势，体现了中

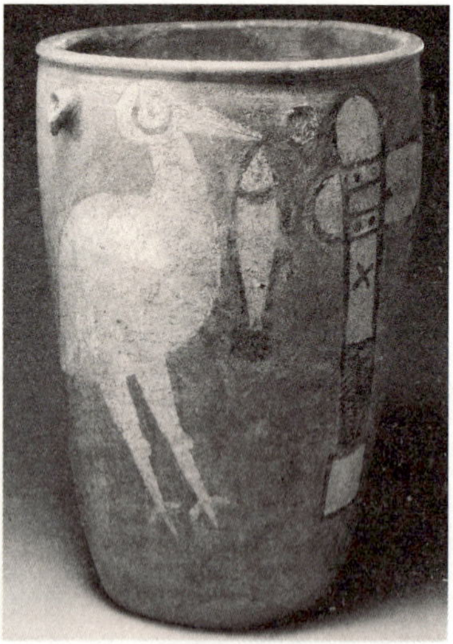

鹳鱼石斧图

国史前彩陶画艺术创作的最高成就。

如果说鸟衔鱼更像是对于现实的模仿，那么，石斧已经成为一种完全象征性的存在。石斧是石器时代人们最重要的工具，它是人的延伸，代表着人征服自然的力量。当这种人的工具和力量的象征成为新的部落图腾，它预示着人们终于从神秘的自然力量的控制中摆脱出来，那些曾经的神秘不可测的图腾开始退却，人们开始信赖来自自身的力量。这柄石斧是部落酋长的权杖，当它被艺术地加以描绘，它就上升为一种普遍的权力的象征。在这权力的背后，是部落的强大、生产的进步、制度的建立以及部落力量的联合。这既是对力量和秩序的表现，更是对即将到来的文明曙光的礼赞。因此有学者认为，鹳衔着大鱼，虔诚地面对石斧，意味着向石斧奉献贡品，是原始氏族图腾崇拜礼仪场面的一个特写。还有一种解释，这幅图表达的是以鹳为图腾的部落打败了以鱼为图腾的部落，而石斧同样是权力和力量的象征。

黑格尔曾在《美学》第二卷中断言：“‘象征’无论就它的概念来说，还是就它在历史上出现的次第来说，都是艺术的开始。”因此，和绘画技法一样，这幅图画的“意境”第一次表现了中国画的文化内核。

二、《步辇图》与《听琴图》

唐宋两代，各有一幅关于皇帝的著名画作。

唐代的是阎立本的《步辇图》。贞观十四年（640年），吐蕃王松赞干布仰慕大唐文明，派使者禄东赞到长安通聘。《步辇图》所绘是禄东赞朝见唐太宗时的场景。也就是这一次觐见促成了文成公主入藏，嫁给吐蕃王松赞干布。松赞干布亲率欢迎队伍由拉萨出发直奔青海迎接。他说：“我今天能娶上国大唐公主，实在荣幸。我要为公主建造一座城，作为纪念，让子孙万代都要与上国大唐永远亲和。”他按照唐朝的建筑风格，在拉萨修建了城郭和宫室，就是现在的布达拉宫。此图人物众多，却巧妙地环衬出唐太宗的至尊地位。唐太宗面目俊朗，目光深邃，神情庄重，充分展露出盛唐一代明君的风范与威仪。同样出自阎立本之手的《历代帝王图》，也和《步辇图》画风一致，追求人物的写真和传神。阎立本学承顾恺之，又融进恢宏博大的气度，运用刚劲而厚实的线条。在表现帝王的形象时，他善于通过人物的眼神、

北宋　听琴图（局部）

眉宇和嘴唇间流露出的神情，来刻画不同帝王的不同个性、气质，以表达对前代帝王的作为和才能的评价。画作沿用了魏晋南北朝以来的铁线描，但线的表现能力得到发展，人物的衣纹、轮廓以及面部的五官运用不同粗细的线条，线条的变化也使形象较前代更为生动、体积感增强。

宋代的是《听琴图》。传为宋徽宗创作。画面中间，抚琴者黄冠缁衣作道士打扮。大部分人认为，这个弹琴的道人就是宋徽宗本人。他专心于拨弄琴弦，身旁立一木几香炉，背后一株松树，苍虬如龙。听琴者二人，皆着官服。一童子侍立一旁。画面上方有蔡京所题绝句：“吟徵调商灶下桐，松间疑有入松风。仰窥低审含情客，似听无弦一弄中。”右上角有宋徽宗所书瘦金书字体的“听琴图”三字，左下角有他“天下一人”的画押。

《步辇图》有一种令人屏息的威严气势，将盛唐气象展现得淋漓尽致，充分体现了有唐一代的文治武功。《听琴图》则体现出一种无与伦比的文弱风雅，所有的人物都弱不禁风，似乎琴声成为这幅画的灵魂，弹者听者皆沉醉于琴声之中，翩思于天地之间。一切都那么精致，就连苍劲的松树上也有凌霄花攀附其上，红白二色花点缀其间。而树侧，还有数竿青竹，青翠雅致。甚至画前，还设有一玲珑山石，上有一古鼎，中插一束花枝——不仅有琴声，还有自然之颜色，金石之古风，插花之娇艳。整幅画精心营造出一个超凡脱俗的美学空间，他们皆沉浸于一种纯粹艺术之境。

这两幅画，能够体现出唐宋人物画的技法的差别，更体现出“盛世之唐”与“文化之宋”的差别，我们能从中真切地看到“唐风”和“宋韵”之别。

三、墨竹一派

墨竹画法的起源，一说始于唐代的吴道子。北宋黄庭坚说：“墨竹出于近世，不知其所师承。初，吴道子作画，超其师杨惠之……运笔作卷，不加丹青，已极形似。故世之精识博物之士多藏吴生墨本，至俗子，乃炫丹青耳。意墨竹之师，近出于此。”一说出自唐玄宗。元人张退公《墨竹记》以为：“夫墨竹者，肇自明皇，后传萧悦，因观竹影而得意。”也有说始于王维，根据是他画于开元寺壁、现已失传的《祇园弟子像》。还有传说始于五代后唐名将郭崇韬之妻李氏。传说李夫人是郭崇韬的战利品，被俘后收为妻妾，她闷闷不乐，常以书画解闷。有一夜，她隔窗赏月，见窗纸上有婆娑竹影，越看越觉得有趣，竟用笔墨就窗纸上摹写竹影。天亮后再看，竟是一幅墨竹图。这与唐玄宗“因观竹影而得意”如出一辙，都点明了墨竹画的两个特点：一是因竹影而得，所得乃其意，也就是似是而非，别有意境；另一个就是墨写竹影，写此意境，开创了墨竹的技法。不管是谁始创墨竹画法，艺术史上都以文同（字与可）为墨竹画宗祖。

文同之前，必定是有墨竹之画，但非主流，竹画大多还是双勾着色，而且仅作背景。文同则单画竹，并且开创了“浓墨为面，淡墨为背”的技法，对后世影响深远。文同爱竹，曾作诗赞曰“心虚异众草，节劲逾凡木”，还名其住所为“墨君堂”，在四周广栽竹林，观竹、赏竹、画竹。苏辙在《墨竹赋》中，讲文同长年累月地对竹子作细致入微的观察和研究：竹子在春夏秋冬四季的形状有什么变化；在阴晴雨雪天，竹子的颜色、姿势又有什么不同；在强烈的阳光照耀下和在明净的月光映照下，竹子又有什么两样；不同品种的竹子，又有哪些各自的样子……文同曾跟苏轼说：“吾乃学道未至，意有所不适而无以遣之，故一发于墨竹。”可见文同是寄情于竹，以竹抒怀。

苏轼是中国文人画理论的奠基人，师文同画竹，也擅画竹。清代戴熙在其《习苦斋画絮》中曾转述一则他画竹的故事，说东坡在考试院办公，忽然意兴，随即提笔蘸着批阅公文的朱砂画竹。同事一看，说：“这世界上哪有朱竹？”东坡答道：“世上难道就有墨竹吗？”由此可知真正的艺术鉴赏当突破事物的表象。倪瓒临王澹游《墨竹轴》中题云：“以中见长家藏澹游竹石二帧，真有天真烂漫、出乎笔墨町畦之外之逸韵，因篝灯下戏效之。虽不能规摹形似，亦颇得之骊黄牝牡外也。”这求于“骊黄”之外的学说无疑是中国艺术鉴赏的一个独特视角。的确，真正的竹子，都是“瞻彼淇澳，绿竹猗猗”，既无朱竹，亦无墨竹，既是写意，又何必拘泥于墨朱？据说自东坡之始，这朱竹之画亦成风流，别具情趣。历代都有名家作朱竹之画。晚明陈继儒《泥古录》就曾记载赵孟頫的夫人管道升也画朱竹：“管夫人亦尝画悬崖朱竹一枝，杨廉夫题云：‘网得珊瑚枝，掷向篔筜谷。明年锦棚儿，春风生面目。’”

自文同、苏轼而至“元四家”，墨竹之风大兴，成为单独的画科，名家辈出。如元代赵孟頫、李衎、柯九思、吴镇、倪瓒，明初王绂、夏昶等均以文同为宗师，后人以“湖州竹派”称之。宋朝官修《宣和画谱》中专列墨竹一门，其中引用了苏轼对文同的赞誉：“与可工于墨竹，非天资颖异，而胸中有渭川千亩，气压十万丈夫。”竹常被文人高士用来表现清高拔俗的情趣、正直的气节、虚心的品质和纯洁的思想感情。竹画则从内蕴上与哲学意理融为一体。因此墨竹成了书、画、道（哲学）的综合体，成了人格、人品的直接写照，寓意兴寄愈益丰厚，成为中国画史千载不衰的画种。

文同晚年奉命出知湖州，但未到任即去世。但他的墨竹画名扬天下，学习者众多，尤其是元代吴镇，搜集学文同画竹法的宋元画家25人传略，编成《文湖州竹派》一书，自意为文与可“门下走狗”，昭示其派系之广大。其中的李衎，画竹直接画成了植物学家。李衎（1245—1320年），字仲宾，和赵孟頫、高克恭并称为元初画竹三大家，是元仁宗的礼部尚书，拜集贤殿大学士。画竹初师王澹游，后来见到文同的真迹，惊为神人，“自悔闻见寡陋”，浩叹文同画竹“不异杲日升空，爝火俱息；黄钟一振，瓦釜失声。豪雄俊伟如苏公犹终身北面，世之人苟欲游此艺圃之妙，可不知所法则乎”。于是李衎“悉弃故习，一意师之”，学文湖州。他为了研究竹子，“行役万余里，登会稽，历吴楚，逾闽峤，东南山川林薮，游涉殆尽。所至非此君者，无与寓目。凡其族属、支庶、形色、情状、生聚、荣枯、老稚优劣，穷诹熟察，曾不一致”。甚至跑到越南，深入竹乡，区别品汇，写出了《竹谱详录》一书。这是世界上最早有图有谱的竹类著作。他在书中共罗列了374个品种，快赶上今天我国境内竹科的科学分类了。他还在书中对各类竹的各种画法详尽论述，使其成为历代学习画竹者之津梁。赵孟頫《题李仲宾野竹图》诗序说：“吾友李仲宾为此君写真，冥搜极讨，盖欲尽得竹之情状。二百年来，以画竹称者，皆未必能用意精深如仲宾也。”

文同之后600年，一代巨匠石涛（1642—约1707年）

清　郑板桥　竹石图

倾其所能，画了一卷将近四米长的墨竹，颇为得意，就在卷前题写了“高呼与可”四个大字，意思是高呼文同来看，我画得不比你差。大概就是引文同以自誉。石涛还在这幅著名的《高呼与可图卷》上自题七言绝句：“老夫能使笔头憨，写竹犹如对客谈。十文鱼骨七寸管，搅翻风雨出莆龛。”其中一方钤印是“何可一日无此君”，可见石涛对竹画的钟爱。

就在石涛画出这幅平生得意之作时，一个婴孩出世，这个婴孩后来成长为中国艺术史上最著名的竹画名家，他就是“扬州八怪”之一的郑板桥（1693—1766年）。郑板桥的诗、书、画被世人称为“三绝”。他擅画兰竹，一生画竹最多，次则兰、石，是清代比较有代表性的文人画家。郑板桥把竹画推上了一个无人能够企及的高峰。他说：“四十年来画竹枝，日间挥写夜间思。冗繁削尽留清瘦，画到生时是熟时。”文同画竹，胸有成竹；郑板桥画竹，胸无成竹，也就是他所谓的“眼中之竹”“胸中之竹”和“手中之竹”。他以其艺术实践发展了“胸有成竹”的艺术理念：先要“胸有成竹”，但动笔时，又不必墨守成规，须随手写去，千变万化。这实在是武功中的最高境界，就是练到最后，忘记所有招式，以无招胜有招。

墨竹是文人画中最重要的题材之一，或可说是文人画的肇始。墨竹一派，源远流长，所代表的是独特的中国艺术的审美，是宝贵的中国文人的志趣。笔下之竹，意在象外，无论它是挺拔而直耸云天，还是柔软而随风偃伏，无论它是丰姿而枝繁叶茂，还是枯瘦而疏叶萧索，它都依然故我，坚守着内心的高洁。无论在风中，在月下，还是在那些树影婆娑的纸上，它始终充盈着君子的气息，回荡着大丈夫的吟唱。它是艺术化的中国哲学，承载着中国的文脉，以及永不凋零的士之理想。

第六章

瓷器

瓷都景德镇有一种祭红瓷。民国时期向焯《陶业记事》载其由来：在明朝的时候，御器厂接到皇帝的旨意，要造出一种鲜红颜色的瓷器。窑工们经过多次实验都失败了。窑工们遭到一次又一次的鞭笞，并接到限期完成的命令，否则要被送进牢狱甚至处以死刑。大祸将临，窑工们终日惶恐。有个老窑工，回到家中唉声叹气。他的独生女儿问他："爹爹何事犯愁？"开始他不肯说，后被再三诘问，才不得不说出真情。女儿问老父亲："经过多次失败，可摸索到是什么原因？"老窑工回答："还摸不准，很有可能是窑温不够，烧不上去。"第二天，老窑工一大早到窑上去了。将近晌午时光，她女儿以探望老爹爹为由，只身来到窑上。只见众人正在忙碌，老窑工注视着窑火，紧锁双眉。烧窑工中有人叫：

“师傅，火还没有烧上去，怎么办？”老窑工还未及回答，但听一声娇叱：“快闪开！”只见人影一闪，女儿已纵身跳进窑中，窑火升腾。老窑工的女儿以身殉窑。开窑时，一只只釉色殷红、晶莹润泽的瓷器烧成，就像少女的血把它染红一样。后人谓之祭红。祭红是高温颜色釉中的一颗明珠。清项元汴《历代名瓷图谱》记：“……祭红，其色艳若朱霞，真万代名瓷之首冠也！”其釉面特点是红不刺目，鲜而不过，釉面不流，裂纹不出。

同样在明代，景德镇还出现了窑工童宾的传说。童宾幼年好学，习儒业，性格刚直。因父母早丧，改习陶艺，从事烧瓷行当。明万历二十七年（1599年），太监潘相奉皇命抵景德镇督造大龙缸，烧造许久，终不成功。潘相变本加厉地残害陶工，陶工或受鞭笞，或苦饥羸，不堪其苦。童宾为抗议迫害，纵身跳入烈火熊熊的窑内。第二天开窑，龙缸竟完美地烧成了。自此以后，器无不成。大家相信这都是童宾“以骨作薪”所致。童宾之死激起了工匠们的义愤，发生民变，瓷工们焚烧税署和官窑厂房，潘相只身逃走。后来，瓷工们为纪念这位秉性刚直的英雄，称颂童宾为“风火仙师”，并在御窑厂的左侧建了一座“风火仙庙”。祠内供奉童宾坐像，两边是窑厂烧炼工人神像，有把桩、托坯、架表、收兜脚、打杂、小手、二手等各脚师祖。自此，景德镇民间世代祭祀。清代督陶官唐英给神祠重新命名曰“佑陶灵祠”，亲手书写匾额并烧制成瓷，镶嵌在神祠西院墙门楣的上方。这一瓷匾至今犹存。烧窑业还定出行规，二十年一届开禁迎神，招收徒工，定升工种岗位，并举行迎神盛会。《明史》、清康熙《浮梁县志》、清督陶官年希尧《重修风火神庙碑记》以及唐英《火神童公传》等史志和碑刻均有记载。唐英评价童宾：“物之成否，不关一人；器之美恶，非有专责。乃一旦身投烈焰，岂无妻子割舍之痛与骨肉锻炼之苦？而皆不在顾，卒能上济国事而下贷百工之命也。何其壮乎！”

在这些故事中，“人的生命的投入成为制器的决定性因素。‘生命的投入’更像是一种隐喻。器之作，其实是在阐明一种人与自然的关系。制器中‘生命的投入’是人对自己远离自然的自我否认。这是中国哲学中最根本的‘天人合一’的思想的衍生。”制器所展现的，不仅是人的智慧，更是人的生命。工匠在造物中会将个体的生命投诸其间，器成为人的某种精神的化身。莱斯在《自然的控制》一书中指出：“在某些文化中冶金活动的一定过程，比如熔炼操作，要求人的祭献。各地的清洁仪式，特别是包括性禁忌的贪多都与采矿相联系，因为人们认为，地球的内部对于各种精神和诸神们来说是神圣的。……各种金属工具的发明和创造总是带有巫术和神祇的色彩，而其创造者也常被当作巫术师。”[1]

瓷器是中国人的一个伟大创造，他们奇迹般地发现了土与火之歌。在漫长的中国历史中，瓷器成为一种有着多重属性的器物。它首先是生活的，瓷器的生命至今昌盛，很大程度上是因为它作为日用瓷而存在，是我们生活中最重要的生活器皿之一；它又是手艺的，其原材料具有神奇复杂的成分，制作工艺复杂，满含着造物的奇迹和匠心之美；它又是艺术的，精美的造型，不同的釉色和纹饰，作为诗书画艺术的重要载体，散发着民间的质朴之美和文人气息的艺术之美；它还联结起了中国和世界，以一种商品而成为一种艺术，成为一种文化，成为中国的重要符号，以至于在英文中“瓷器（china）”与中国（China）同为一词。中国人对瓷器有着一种奇怪的情感，它是皇帝爱不释手的艺术品，也是百姓手中的饭碗。它既高贵又廉价，既文雅又世俗。这种情感中既有对艺术的狂热追求，也有对日常的熟视无睹，既被珍视又被漠视，但它一直在中国人的生活中，永不退场。因此，中国人对瓷器的这种情感无比深厚。它包含着对手艺的赞叹，包含着对器物的敬意。总之，瓷器中寄托着中国人对生活的热爱，其他的任何一

① ［加］威廉·莱斯：《自然的控制》，岳长岭、李建华译，重庆出版社，2017，第24页。

种器物都无法与之比拟。

第一节 识瓷

一、瓷的历史

瓷器脱胎于陶器。陶器与瓷器最本质的差别是原料、烧制火候、施釉，以及对这些自然元素精妙掌控的程序：拉捏、利坯、挖足、雕刻等若干道工序。据说有来自欧洲的金石家一心探寻瓷器制作的奥秘，甚至潜伏景德镇多年。烧制

西周 原始青瓷云雷纹花口壶

瓷器必须同时具备三个条件：一是制瓷原料必须是富含石英和绢云母等矿物质的瓷石、瓷土或高岭土；二是烧成温度须在 1200℃以上；三是在器表施有高温下烧成的釉面。

大约在公元前 16 世纪的商代中期，中国就出现了“原始瓷”。出土于河南郑州的商代原始青瓷尊是典型的代表。这件器物灰褐胎，青黄釉，釉层不匀。口内壁有弦纹数道，肩、腹部拍印细绳纹及席纹，无论胎体、釉层、装饰还是烧制工艺，都显粗糙。

真正瓷器的出现则在东汉时期。从出土的文物来看，东汉时期多为青瓷。这些青瓷加工精细，胎质坚硬，不吸水，表面施有一层青色玻璃质釉。

隋唐时代，发展成青瓷、白瓷等以单色釉为主的两大瓷系，并产生刻花、划花、印花、贴花、剔花、透雕、镂空雕等瓷器花纹装饰技巧。尤其是白瓷，已经接近现代高级细瓷的标准。这一成就为釉下彩和釉上彩瓷器的发展打下基础。

宋代烧瓷技术达到完全成熟的程度，并且艺术审美更多地加诸其上，使得瓷器在更大程度上进入艺术创作的领域。清代许之衡《饮流斋说瓷》中说：“吾华制瓷可分三大时期：曰宋，曰明，曰清。宋最有名之有五，所谓柴、汝、官、哥、定是也。更有钧窑，亦甚可贵。”宋代闻名中外的名窑很多，耀州窑、磁州窑、景德镇窑、龙泉窑、越窑、建窑以及被称为宋代五大名窑的产品都有它们自己独特的风格。宋代瓷器以各色单彩釉为特长，釉面能做冰裂纹，并能烧制窑变色及两面彩、釉里青、釉里红等。著名“瓷都”景德镇因宋景德（1004—1007年）年间为宫廷生产瓷器得名。

元代瓷器盛行印花瓷及五彩戗金。元世祖忽必烈至元十五年（1278年），元帝国在江西景德镇设立了“浮梁瓷局”，为其在明清两代成为全国制瓷业中心和饮誉世界的“瓷都”打下了坚实的基础。元代景德镇在制瓷工艺上有了新的突破，最为突出的是青花和釉里红的烧制。景德镇出产的青花瓷已成为瓷器的代表。青花瓷一经出现便风靡一时，成为景德镇的传统名瓷之冠。与青花瓷共同并称四大名瓷的还有玲珑瓷、粉彩瓷和高温颜色釉瓷。

明清两代彩瓷大放异彩，使得瓷器进一步和书法、绘画等艺术相结合，呈现出五彩斑斓的瓷器艺术特质。彩瓷一般分为釉下彩和釉上彩两大类，在胎胚上先画好图案，上釉后入窑烧炼的彩瓷叫釉下彩；上釉后入窑烧成的瓷器再彩绘，又经炉火烘烧而成的彩瓷，叫釉上彩。明代著名的青花瓷器就是釉下彩的一种。我国古代陶瓷器釉彩的发展，是从无釉到有釉，又由单色釉到多色釉，然后再由釉下彩到釉上彩，并逐步发展成釉下与釉上合绘的五彩、斗彩。明代流行“白底青花瓷”，又有“霁红瓷”，以瓷色如雨后霁色而得名。

明代成化年间创烧出在釉下青花轮廓线内添加釉上彩的“斗彩”，嘉靖、万历年间烧制成的不用青花勾边而直接用多种彩色描绘的五彩，都是著名的珍品。清代的瓷器，是在明代取得卓越成就的基础上进一步发展起来的，制瓷技术达到了辉煌的境界。康熙时的素三彩、五彩，雍正、乾隆时的粉彩、珐琅彩都是闻名中外的精品。

二、瓷之国

1998年，德国打捞公司在印度尼西亚勿里洞岛海域一块黑色大礁岩附近发现了一艘唐代沉船，名为“Batu Hitam”，中文意译为“黑石号”。这是一艘从扬州起航的阿拉伯商船，船载商品中仅瓷器就有67000多件，其中98%是中国陶瓷，分别来自长沙窑、越窑、邢窑、巩县窑。长沙窑瓷约56500件，器型以碗为主，其次为执壶。其他器型包括杯、盘、盂、盒、罐、熏炉、油灯和少量生肖瓷塑。有件瓷碗带有“宝历二年七月十六日”铭文，宝历二年为826年。有的碗中写有“茶盏子”，同时说明了茶文化的传播。

丝绸、茶叶、瓷器，是古代中国通过丝绸之路联通世界的三大主要商品。丝绸和茶叶是易损品，只有瓷器因其坚硬而大量保存下来，成为历史的活化石。

西汉张骞“凿空西域”，陆上“丝绸之路”开辟。丝绸是这条著名商路上的重要货品，中国因此被誉为“丝国”。进入中世纪后，伴随着中国瓷器的外销，中国又开始以“瓷国”享誉于世。从8世纪末开始，中国陶瓷开始向外输出。经晚唐五代到宋初，达到了一个高潮。这一阶段输出的陶瓷品种有唐三彩、邢窑（包括定窑）白瓷、越窑青瓷、长沙窑彩绘瓷和橄榄釉青瓷等。

明代中期开始，随着海上新航路的开辟，中国瓷器开始大量销往欧洲。海上丝绸之路从广州、扬州、明州、漳州、泉州等港口经波斯湾远达非洲。从中国到非洲，路程有15000多千米，主要商品是中国的茶叶、丝绸、陶瓷等特产，尤以陶瓷器为重要。明代中晚期至清初的200余年是中国瓷器外销的黄金时期。输出的瓷器主要是景德镇青花瓷、彩瓷、广东石湾瓷、福建德化白瓷和青花瓷、安溪青花瓷等。1382年驾崩的匈牙利路易大帝的盾形纹章，大概是中国瓷器运达欧洲的最早记录。到了16世纪末，中国陶工就开始为葡萄牙市场生产定制外销的青花瓷器了。17世纪中国的瓷器每年输出约20万件，18世纪最多时每年约百万件，因此17至18世纪，在欧洲刮起收藏中国瓷器之风，各国国王都是中国瓷器的追求者，尤其是法国国王路易十四、路易十五和萨克森国王奥古斯都二世等，法国堪称世界上收藏中国瓷器最多的国王。1717年奥古斯都二世为了得到普鲁士王国国王腓特烈·威廉一世的 151 件中国瓷器用作婚礼的装饰，竟然以 600 名全副武装的萨克森近卫骑兵去交换。这些骑兵就是后来令拿破仑闻风丧胆的龙骑兵。今天，奥古斯都二世所建德累斯顿的茨温格宫成为世界著名的博物馆，他及其儿子的收藏构成了博物馆的主要藏品，仅陶瓷器就有 42000 多件，其中中国明清时期的外销瓷就有 24100 多件。

通过海上丝路，中国的瓷器成为世界性的商品，中国也因此被称为“瓷之国”。因此，日本著名学者三上次男曾称之为“跨越中世纪东西方的一条友谊纽带，同时也是一座东西文化交流的桥梁”。中国陶瓷和制瓷技术的对外传播，是中国对人类文明做出的重大贡献之一。

第二节　名　窑

《陶录》载：“陶至唐而盛，始有窑名。”窑的冠名，在中国陶瓷艺术发展史上具有里程碑的意义。这不仅形成了名窑的创作机制及审美取向，而且构成了名窑的谱系及传承。

瓷器的创造自北宋时期就出现了五大名窑，景德镇瓷器则在明代就奠定了“瓷都”的地位，引领了明清两代的瓷器生产。此外，瓷器名窑还有：磁州窑，在今河北彭城，以磁石泥为坯，多生产白瓷黑花的瓷器。谢肇淛在《五杂俎》记载：“今俗语，窑器谓之磁器者，盖磁州窑最多，故相沿名之。如银称米提，墨称腴糜之类也。”当时出现的以“磁器”代窑器是由磁州窑产量最多所致。《元史》记载景德镇设立“浮梁磁局”亦用“磁”字，所以瓷器又称为磁器。越窑，在今浙江绍兴、宁波等地，以生产青瓷为主，质量上乘。陆羽《茶经·四之器》中评述茶碗的质量时写道：“若邢瓷类银，越瓷类玉，邢不如越一也；若邢瓷类雪，则越瓷类冰，邢不如越二也；邢瓷白而茶色丹，越瓷青而茶色绿，邢不如越三也。”唐代诗人陆龟蒙曾用“九秋风露越窑开，夺得千峰翠色来”形容当时越窑秘色瓷的釉色像翠绿色山峦一样美丽。唐代另一位诗人顾况也用“越泥似玉之瓯”来比喻越窑青瓷质地像天然美玉般润泽。邢窑，在今河北内丘、临城一带，主产白瓷，曾被定为御用瓷器，一时与越窑青瓷齐名，世称“南青北白”。德化窑，在今福建德化，以明代生产的白瓷最具特点，是中国白瓷的代表。郑和下西洋所带的瓷器中，就有福建的德化瓷。意大利著名旅行家马可·波罗也曾盛赞德化陶瓷并将德化瓷带往海外各地。建窑，在今福建建阳，以建盏（兔毫纹黑釉茶盏）闻名。建盏传到日本，都以“天目碗”称之。宋代著名书法家、茶学家蔡襄在《茶录》中云：“茶色白，宜黑盏，建安所造者绀黑，纹如兔毫，其坯微厚，熁之，久热难冷，最为要用。出他处者，或薄或色紫，皆不及也。其青白盏，斗试家自不用。”

一、宋五大名窑

北宋时期，制瓷业空前繁荣，大江南北名窑迭起。“现今已发现的古代陶瓷遗址分布于全国 170 个县，其中北宋窑址就有 130 个县，约占总数的 75%。”宋瓷的秀美远近闻名，当时的窑厂各有特色。定窑、景德窑清秀，汝窑、耀州窑浑厚，官窑、哥窑典雅，钧窑绚丽，建窑淳朴，磁州窑、吉州窑具有民间风采。这些窑烧制出的瓷器都是我国的艺术精品。其中，汝窑、官窑、哥窑、钧窑、定窑更是宋代五大名窑。宋代五大名窑之说，始见于明代皇室收藏目录《宣德鼎彝谱》：“内库所藏柴、汝、官、哥、钧、定名窑器皿，款式典雅者，写图进呈。”五大名窑代表了中国单色釉瓷器的最高水平，是全球各大博物馆和收藏家梦寐以求的瑰宝。

汝窑，在今河南宝丰清凉寺一带，因北宋属汝州而得名。北宋晚期为宫廷烧制青瓷，是古代第一个官窑，被后世视为五窑之首。汝窑瓷器最为人们称道的是其釉色，用石灰碱釉烧制技术，釉色以天青为主，润泽莹厚，有玉石般的质感，釉面有很细的开片。后人评价“其色卵白，汁水莹厚如堆脂，然汁中棕眼隐起，若蟹爪，底有芝麻花细小挣钉”。

“釉色天青色”“蟹爪纹”“香灰色胎”“芝麻挣钉”等是鉴别汝窑的重要依据。惜因为宋金战乱不息，汝窑前后兴盛不足 20 年，汝窑传世的作品很少，据传不足百件，又因其工艺精湛，所以非常珍贵。北京故宫博物院藏有汝窑天青釉弦纹樽、汝窑天青釉圆洗、汝窑天青釉碗等。

南宋官窑，是宋皇室南迁后设立的专为宫廷烧瓷的窑场。前期设在龙泉（今浙江龙泉大窑、金村、溪口一带），后期设在临安郊坛下（今浙江杭州南郊乌龟山麓）。南宋叶寘在其《坦斋笔衡》中对北宋官窑亦有记载：“政和京师自置窑烧造，名曰‘官窑’。”宋代官窑瓷器主要为素面，既无华美的雕饰，又无艳彩涂绘，最多使用凹凸直棱和弦纹为饰。官窑的器形除常见的盘、碟、洗等之外，仿商、周、秦、汉古铜器中的各式瓶、炉样式也很多。现今，在杭州南宋官窑遗址上建立了南宋官窑博物馆。故宫藏有官窑青釉弦纹瓶、官窑青釉直颈瓶、官窑青釉圆洗等。

哥窑，遗址尚未找到。有哥窑，也有弟窑。据《浙江通志》等记载：“有弟兄两人，主琉田窑造青器，精美盖绝当世。”传说南宋有章生一、章生二兄弟，在龙泉设窑厂，生一所烧的窑名“琉田窑”，又名“哥窑”；生二所烧的窑名“龙泉窑”，又名“弟窑”。不过，哥哥的技术要比弟弟好，于是弟弟便生嫉妒之心，偷偷往哥哥的釉料里加了很多草木灰，结果哥哥烧出来的瓷器带着各式各样的裂痕，竟另有一番天趣，大受欢迎。其实弟弟烧的瓷器也非常好，是历史上著名的龙泉窑。两者各有千秋，成为陶瓷史上的两座高峰。哥窑将“开片”的美发挥到了极致，产生了“金丝铁线”这一哥窑的典型特征：釉面有大小纹开片，细纹色黄，粗纹黑褐色。“金丝铁线”使平静的釉面产生韵律美。宋代哥窑瓷器以盘、碗、瓶、洗等为主。北京故宫藏有哥窑青釉贯耳瓶、哥窑青釉鱼耳炉、哥窑青釉海棠式花盆等。

钧窑，在今河南禹县，因此地唐宋时为钧州所辖而得名。始于唐代，主要烧造时期为宋、金、元代。钧窑有钧官窑和钧民窑之分。钧窑虽然也属于青瓷，但它不是以青色为主的瓷器。钧窑是在柴窑和鲁山花瓷的基础上综合而成的一种独特风格，受道家思想影响深刻，在宋徽宗时期达到高峰，其工艺技术发挥到极致。钧瓷分两次烧成，第一次素烧，出窑后施釉彩再烧。钧瓷的釉色为一绝，千变万化，红、蓝、青、白、紫交相融汇，灿若云霞，曾被宋代诗人以“烟光凌空星满天，夕阳紫翠忽成岚”赞之。因钧瓷釉层厚，在烧制过程中，釉料自然流淌，出窑后如雨后蚯蚓在泥土中爬行的痕迹，故钧窑典型特征就是“蚯蚓走泥纹”。传世钧窑器物的底部多刻有“一”到“十”不同的数目字，其意义历来有不同的解释。据现存实物证明，器底所刻数字越小，器形越大。北京故宫藏有钧窑月白釉出戟尊、台北“故宫博物院”藏有宋代钧窑丁香紫釉出戟尊等。

定窑，在今河北曲阳涧磁村和燕山村，因唐宋时属定州而得名。定窑以“白瓷”闻名。定窑是五大名窑中唯一确定的民窑。造型以盘、碗最多，其次是梅瓶、枕、盒等。常见在器底刻“奉华”“聚秀”“慈福”“官”等字。元朝文人刘祁在其《归潜志》中曾撰文赞扬定窑的精美，称“定州花瓷瓯，颜色天下白”。其白瓷，色调上属于暖白色，细薄润滑的釉面白中微闪黄，给人以温润恬静的美感，并善于运用印花、刻花、划花等装饰技法，将白瓷从素白装饰推向了一个新阶段。定窑造型以盘、碗最多。传世的宋定窑白釉孩儿枕最为著名。北京故宫还藏有定窑白釉刻花牡丹纹折沿盘、定窑白釉刻花渣斗、定窑白釉印花菊凤纹盘等。

五大名窑有三个是宋徽宗开辟的。宋徽宗很喜欢汝州烧造的进贡瓷器，就在宫廷内开辟了一处窑口。在原产地的瓷器叫作汝窑，在宫廷内的这个窑口则叫作汝官窑。也有学者认为，汝官窑就是官窑。钧官窑也是宋徽宗年间继汝窑之后建立的又一座官窑。宋瓷不仅以其清新淡雅反映着宋代文人士大夫的审美情趣，而且与日常生活联系紧密，创造了丰富多彩的瓷器，有碗、盘、碟、洗、盏、托、瓶、壶、罐、钵、尊、盆、渣斗、炉、枕等，走入寻常百姓的生活之中。

也是从宋代开始，瓷与茶、与书法、与绘画、与诗、与人的生活交融在一起，构成了复杂的文化综合体。

二、瓷都景德镇

景德镇东北 40 千米处，有高岭山，山上有高岭村。这里出产一种神奇的土——白云土。这种土俗称“瓷土”，像糯米一样细腻且耐火性极强，是生产瓷器的极佳原材。清同治四年（1869 年），德国地质学家李希霍芬来到高岭山一带勘察陶瓷原料，后在其著作《中国》一书中，将“高岭”译为“KAOLIN”。自此以后，凡是与白云土物化性质相同的瓷土，都被人们称为“高岭土”。千余年来，景德镇制瓷业集历代名窑之大成，汇各地技艺之精华，形成了独树一帜的手工制瓷工艺生产体系，创造了中国陶瓷史上最辉煌灿烂的一段历史。

景德镇位于江西东北部，四面环山，昌江是其古代唯一的通道。大山为这里提供了丰富的高岭土和燃料，而且能阻隔频繁的战火，从而使得瓷器的生产在漫长的历史中延续不断。一条水路则使这里的瓷器和工艺走向世界，一代又一代的工匠带着他们的技艺往返于这条水路，一代又一代的商人带来订单，带走那些神奇的器物。

景德镇瓷器始烧造于唐武德年间。宋真宗景德元年

（1004年），因镇产青白瓷质地优良，遂以年号为名置景德镇，沿用至今。此时已出现“村村窑火，户户陶埏”的景观，瓷业习俗已具雏形。元世祖至元十五年（1278年），元朝在江西景德镇设立“浮梁瓷局”。明朝时期，景德镇成为全国瓷器烧制中心。景德镇也成为全国著名的手工业大都市。“江西饶州浮梁县，科第特盛。离县二十里许，为景德镇官窑设焉。天下窑器所聚，其民繁富，甲于一省。”随着明朝时期人口管理的相对放松，大量的民众来景德镇从事陶瓷生产和贸易，形成独特的移民城市。

景德镇手工制瓷工艺专业化程度强，行业分工极其细致，最核心的包括拉坯、利坯、画坯、施釉和烧窑等五项工序。景德镇窑口众多——湖田窑是中国五代、宋、元三代制瓷规模最大、延续烧造时间最长、生产的瓷器最精美的古代窑场，所产青白瓷，素有“白如玉、薄如纸、明如镜、声如磬”之誉。明初始设御窑厂，宫廷瓷器开始注明皇帝的年款。其时镇内官窑有58座，民窑达数百座，“昼间白烟掩盖天空，夜则红焰烧天”，足见当时生产规模之宏大。清末景德镇镇窑有100多座。御窑厂历明、清二朝，专为宫廷生产御用瓷器，是中国历史上烧造时间最长、规模最大、工艺最为精湛的官办瓷厂。

景德镇瓷器大量是生活用瓷和陈设用瓷，以白瓷为著。

在装饰方面先后创造了青花、釉里红、古彩、粉彩、斗彩、新彩、釉下五彩、青花玲珑等。最终形成青花、玲珑、粉彩、高温颜色釉四大传统名瓷。

北宋时期，景德镇窑仿效青白玉的色调和温润的质感，创造性地烧造出了一种“土白壤而埴、质薄腻、色滋润”的青白瓷，使青瓷艺术达到了高峰。这种青白瓷大部分在坯体上刻暗花纹，薄剔而成为透明飞凤等花纹，内外均可映见，釉又隐现青色，故又称影青瓷。这种影青瓷当时流行海内，天下均称为景德镇瓷器。明清时期，中国的瓷器艺术达到鼎盛。足与水墨画并驾齐驱的永乐、宣德青花，鲜红莹亮、色若朝霞、灿如霁日的宣德霁红，釉下釉上互相掩映、柔和精巧的成化斗彩，薄如纸、莹如玉、吹之欲飞的永乐薄胎甜白，金碧辉煌、雍容华贵的嘉靖、万历五彩，黄、绿、紫相间成趣的素三彩，等等，都创始于明代。清代又创制珐琅彩、粉彩等名品。尤其在康乾盛世，无论是官窑还是民窑，无论是产品造型、装饰技法还是装饰题材、装饰风格，都达到了“参古之世，运以新意，佣诸巧妙，于彩绘人物、山水、花鸟，尤各极其胜”的高度繁荣境界。

景德镇有冶陶史 2000 年，官窑史 1000 多年，御窑史 600 多年。“匠从八方来，器成天下走”，真正“汇天下良工之精华，集天下名窑之大成”，成为中国的瓷都。

第三节 名瓷

兹介绍三件著名的瓷器，以期能够更好地认识瓷器的历史及其艺术价值。

一、宋龙泉窑荷叶盖罐

1991 年 9 月 19 日，四川省遂宁县金鱼村，一位农民在田地中劳作，锄头碰到了东西，挖出来一看，是一只瓷炉，锄头已经碰断了一只炉耳——著名的“遂宁金鱼村南宋窖藏”在沉睡了 700 余年后，由此被唤醒。

窖藏是流行于南宋末期和元代末期的一种贮藏宝物的方法。南宋末期战争不断，人们为躲避战乱而将宝物藏于地窖之中。什邡、成都、郫县、营山、阆中、三台、巴中、彭州等地均有宋代瓷器、铜器、金银器的窖藏发现。金鱼村窖藏之所以震惊世人，是因为它是目前国内发现的最大宗的宋瓷窖藏。坑内共出土器物 1005 件，其中瓷器 985 件，景德镇影青瓷 600 件、浙江龙泉窑青瓷 342 件，广元窑、定窑、耀州窑瓷器共 43 件。这些瓷器造型简单素朴，大多为生活用品，有碗、盘、碟、杯等。

南宋时期，遂宁县的金鱼村曾经是府衙所在地。《宋史·地理志五》卷八十九记载："遂宁府……端平三年兵乱，权治莲溪寨。"《续通鉴》卷一百七记载："宋理宗淳祐二年，蒙古兵破遂宁、泸州。"南宋理宗端平三年（1236年），蒙古骑兵深入到四川腹地遂宁；1242年，破遂宁府，从此开始了长达70年的统治。战乱中，许多大户人家纷纷外逃，金银瓷器等珍贵器物不方便携带，所以就地掩埋。金鱼村窖藏没有装箱、包裹，而是直接掩埋于近一米的土下，可见其埋藏之仓促，似是有性命之忧时的匆忙动作，故而推断窖藏是1242年蒙古兵破遂宁时掩埋。

唐安史之乱以后，经济重心南移，"扬州与成都号为天下繁侈"。蒋祈在《陶记》中记载："江、湖、川、广，器尚青白，出于镇之窑者也。"四川商人在当时非常活跃，把全国各地瓷器带进了四川。金鱼村的窖藏中仅有两处文字，一是镌刻于铜钟上的"凤翔楼钱鑫"五字及一件青白瓷碗底墨写的"元"字。据此推断这批窖藏可能与"凤翔楼钱鑫"（即钱庄）的主人有关。这批瓷器釉层鲜亮，纹饰清晰成色新，器物上没有使用过的划痕、磕伤、油渍等痕迹，且重复的器形数量很多，如青瓷碗有23件，青瓷杯达52件，青白瓷碗有3件，青白瓷菊瓣碟多达131件，尤其是作为文房用品的青瓷洗有67件之多，故而推断这批窖藏应为商业用瓷。或许是开钱庄的主人恰巧也经营瓷器，这一墨写的"元"字

宋　龙泉窑荷叶盖罐

或许与窖藏主人的名字有关。

金鱼村窖藏中最珍贵的一件器物是龙泉窑荷叶盖罐。这件荷叶盖罐，通高 31.3 厘米，宽 23.8 厘米，腹径将近 1 米。造型相当别致，罐身圆润，盖子独特，盖沿弯曲呈荷叶状，给人流动的韵律感。胎质洁白细腻，外施梅子青釉，釉色柔和淡雅，碧绿如翡翠，温润如春水。里面还装了 99 个菊叶小碟，当时处于战乱之中，百姓流离失所，主人摆放 99 个小碟子，大概就是希望早日平息战乱，国家长治久安，家人团聚。荷叶盖罐是南宋龙泉窑青瓷中最大的一件瓷器，也是宋瓷中唯一一件荷叶形盖罐，全球仅此一件，被定为一级文物。

这件器物展现了宋代美学。中国古代造瓷，在釉色方面，素有崇尚青色传统，以青为贵。明人谢肇淛的《五杂组》卷十二载："（柴窑瓷器）世传柴世宗时烧造，所司请其色，御批云：'雨过天青云破处，这般颜色做将来。'"柴世宗就是后周世宗柴荣。传说他命人烧造的一批瓷器，仿照雨过天青色。这种对美的极致追求到北宋徽宗时期更是登峰造极。古代美学，到宋代到达顶峰，既讲究道法自然、返璞归真，又讲究含蓄典雅、内敛理性。宋瓷诸窑虽各有千秋、各领风骚，但均以单色釉的高度发展而著称，其色调之优雅，无与伦比。因此，宋瓷多为青白瓷。青瓷如翡翠，"巧如范金，精比琢玉"；白瓷如美玉，"既质玉之质，复白雪之白"。宋瓷造型美，美在单纯飘逸；釉色美，美在自然冲淡；质地美，美在蕴藉本真。宋代青瓷，也成为最有中国韵味的瓷器。

二、元青花鬼谷子下山图罐

元青花鬼谷子下山图罐是元代具有代表性的青花瓷器。此罐的青花纹饰共分四层：第一层颈部，饰水波纹；第二层肩部，饰缠枝牡丹；第三层腹部，为"鬼谷子下山"主题纹饰；第四层下部，为变形莲瓣纹内绘琛宝，俗称"八大码"。八大码是变形莲瓣纹的称呼。这种莲瓣纹常画在器物的肩部、胫部，有的还在莲瓣内加绘犀角、银锭、珊瑚枝、花朵等杂宝，因常画八个莲瓣，且码放整齐，故称。

元　青花鬼谷子下山图罐

此罐主体纹饰为“鬼谷子下山图”，描述了孙膑的师傅鬼谷子在齐国使节苏代的再三请求下，答应下山搭救被燕国陷阵的齐国名将孙膑和独孤陈的故事。鬼谷子端坐在一虎一豹拉的车中，身体微微前倾，神态自若，超凡如仙，表现出运筹帷幄之中、决胜千里之外的神态。车前两个步卒手持长矛开道，一位青年将军英姿勃发，纵马而行，手擎战旗，上书“鬼谷”二字，苏代骑马殿后。一行人与山色树石构成了一幅壮观而又优美的山水人物画卷。整个青花纹饰呈色浓艳，画面饱满，疏密有致，主次分明，浑然一体。人物刻画流畅自然，神韵十足，山石皴染酣畅淋漓，笔笔精到，十分完美。

这幅画被认为绝非一般画匠所为，而是元代文人画的精品之作，是瓷器艺术和绘画艺术相结合的典范，这正是其真正价值所在。正如古瓷鉴定专家孙瀛洲先生所说，元代瓷器“精者颇精”。这只大罐原为荷兰人范·赫默特男爵所持有。20世纪初，第一次世界大战期间，他被派驻到北京担任荷兰使节护卫军司令，购得此罐。他一直以为此罐为明代作品，因为当时人们确信元人还无法制造如此精美的瓷器。1952年，美国学者约翰·亚历山大·波普在整理土耳其托普卡普皇宫和伊朗阿德比尔神庙收藏的中国瓷器时，提出了“14世纪青花类型”的概念。该器物于2005年7月12日伦敦佳士得举行的拍卖会上，以1400万英镑拍出，加佣金后为1568.8万英镑，折合人民币约2.3亿，创下了当时中国艺术品在世界上的最高拍卖纪录。元青花鬼谷子下山图罐因此成为最富传奇色彩的一只元青花瓷器，“另一方面却由于传承无序一直被收藏界诟病”。

元人对青花瓷情有独钟，有研究认为，这与蒙古人喜欢白色和蓝色有关。“白色在蒙古语里是‘查干’，在蒙古有白色的羊群、白色的牛奶和白色的毡房。元朝时，蒙古人过年叫过白节，大臣们要穿白衣以示吉祥，各地要上贡白色骏马，成吉思汗的王旗为有九根飘带的白旗。可见白色在蒙古人心中分量之重。蓝色在蒙古语中为‘呼和’，是天空的颜色，蒙古人称蓝天为‘长生天’，是永远不老、永恒存在的意思。”青花瓷使蓝色的花纹与洁白的胎体交相映衬，人们将之比作瓷器舞台的青衣，素雅高洁、蓝色纯净。青花瓷之起源，被我国瓷学一代宗师陈万里先生列为“中国瓷器史上十五大难题之一”。元青花的出现成为我国制瓷工艺划时代的事件，青花自元朝至清雍正年间臻于成熟。中国陶瓷学会副会长、国家博物馆研究员李知宴先生认为：“元青花最突出的特点是气势宏大、饱满雄健，从器物造型到装饰都有一种阳刚之美，其独特的品类、造型、纹饰具有浓郁的时代特征，体现了元瓷工艺从原料、制作、绘画到烧成的完美程度。”

三、明成化斗彩鸡缸杯

明成化十八年（1482 年），明宪宗朱见深令工匠烧造了鸡缸杯。鸡缸杯是朱见深为了取悦年长他 17 岁的万贵妃特意烧造的，他与万贵妃的关系亦妻亦母。据考证，鸡缸杯的图案来源于宋代的《子母鸡图》，表现了朱见深怀念年少时万贵妃照顾他的岁月。

鸡缸杯是明成化斗彩杯之一，饮酒用具，造型为敞口，浅腹，卧足，杯身以斗彩描绘鸡啄食哺雏，姿态栩栩如生，辅以牡丹、兰花、柱石纹等。《成窑鸡缸歌注》：“成窑酒杯，名式不一，皆描画精工，点色深浅莹洁，而质坚鸡缸。上画牡丹，下有子母鸡，跃跃欲动。”

明　成化斗彩鸡缸杯

最早载有明代成化斗彩鸡缸杯价值的《神宗实录》中写道："神宗时尚食，御前有成化彩鸡缸杯一双，值钱十万。"另明代沈德符《万历野获编》称："成窑酒杯，每对至博银百金。"清初朱彝尊在《曝书亭集》中更有详细的记载："万历窑，器索金数两，而宣德、成化款识者倍蓰焉。至于鸡缸，非白金五镒市之不可，有力者购之不少惜。"明朝人把成化斗彩当作瑰宝，清朝人把成化斗彩视为拱璧，帝王和贵族上层尤其为珍重，一直有所仿制。清宫内各府造办处档案记："雍正七年四月十三日，交来成窑五彩磁罐一副（无盖）。奉旨，将此罐交年尧添一盖，照此样烧造几副。"可见帝王贵族对斗彩的嗜爱。200 多年后的乾隆皇帝还写有一首颂古鸡缸杯诗：

…………

朱明去此弗甚遥，宣成雅具时犹见。

寒芒秀采总称珍，就中鸡缸最为冠。
牡丹丽日春风和，牝鸡逐队雄鸡绚。
金尾铁距首昂藏，怒势如听贯昌唤。
良工物态肖无遗，趋华风气随时变。
我独警心在齐诗，不敢耽安兴以晏。

事实上，鸡缸杯仅仅是一个例证。明代的工艺美术在中国历史上享有盛誉，瓷器、景泰蓝、漆器、织绣、家具都达到了超越前代的高度，尤其城市和宫廷建筑艺术取得了历史性的光辉业绩。

鸡缸杯之后，还有明万历五彩龙凤大盘也颇为著名。此盘现藏台北“故宫博物院”，高 4.6 厘米，口径 30.3 厘米，足径 20.3 厘米。明神宗万历时期，官方手工业喜爱制作五彩缤纷的作品，以寓意吉祥为要，而题材琐碎。

明代景德镇的五彩瓷器技术、材料、产量都达到了高峰，纹饰也非常丰富，主要风格为大红大绿，颜色艳丽视觉效果鲜明，俗称“大明彩”。《大明会典》卷一百九十四《窑冶·陶说》中记载：“凡江西烧造全黄并青碌双龙凤等瓷器，送尚膳监供应。其龙凤花素圆扁瓶、罐、爵、盏等器，送内承运库交收，光禄寺领用。”《景德镇陶录》中详细记载了五彩的绘画技法：“白瓷加彩后，复须烧炼，以固颜色。”五彩瓷器经历了漫长的复杂的过程，汉代的绿釉陶、唐代的唐三彩、宋金的红绿、成化的斗彩为嘉靖、万历五彩瓷器的出现奠定了基础。五彩并不是指五种颜色，而是由很多颜色构成，主要有红、绿、紫、黄、黑等。五彩瓷器主要分为两种：一种是以烧高温白瓷为底，上以红绿黄为主色调描绘图案，又经低温第二次烧成的釉上五彩；一种是釉下青花和釉上五彩结合的青花五彩。

第七章

建筑

2000 多年来，一座宫殿一直矗立在中国人的想象中。

它太宏大了，等到它的主人死去，等到它的朝代成为历史，它也没有建成。它似乎永远都不会建成了。过了 1000 年，等到人们将它遗忘，那些高大的宫墙都成为断壁残垣，它却奇迹般地回到唐人的诗篇中，并在那些瑰丽的文字中呈现出它应有的模样：

> 六王毕，四海一；蜀山兀，阿房出。覆压三百余里，隔离天日。骊山北构而西折，直走咸阳。二川溶溶，流入宫墙。五步一楼，十步一阁；廊腰缦回，檐牙高啄；各抱地势，钩心斗角。盘盘焉，囷囷焉，蜂房水涡，矗不知乎几千万落！长桥卧波，未云何龙？复道行

空，不霁何虹？高低冥迷，不知西东。歌台暖响，春光融融；舞殿冷袖，风雨凄凄。一日之内，一宫之间，而气候不齐……

这是阿房宫。

“始皇以为咸阳人多，先王之宫廷小，吾闻周文王都丰，武王都镐，丰、镐之间，帝王之都也。乃营作朝宫渭南上林苑中。”据《史记》记载，秦始皇三十七年（前 210 年）七月，秦始皇在东巡途中驾崩，九月葬于骊山。秦始皇去世时，阿房宫尚未修成，工程被迫停了下来，秦二世胡亥将所有刑徒都调往骊山陵填土。秦二世元年（前 209 年）四月，秦始皇陵主体工程基本完工，而此时的阿房宫工程已停工了 7 个月。为实现先帝的意愿，秦二世从陵墓工程中调出部分人力继续修筑阿房宫。这年七月，陈胜、吴广起义爆发，秦帝国危在旦夕。八月，赵高作乱，将二世劫持在望夷宫，逼迫其自杀。阿房宫终于完全停工。待项羽兵至，“烧秦宫室，火三月不灭”。在以后的漫长岁月中，阿房宫逐渐被人遗忘，只留下“阿城”的名字和那些被时光蚕食的遗迹。

阿城因地近长安，成为历代屯兵之地。苻坚建元二十年（384 年），慕容冲据阿城。起初，“谣曰：‘凤凰、凤凰，止阿房。’坚以凤凰非梧桐不栖、非竹实不食，乃植桐、竹数千株于阿房城，以待凤凰之至”（《十六国春秋》）。隋末，李世民入关，自泾阳趋司竹，也曾经屯兵阿城。颜师古说：“以其墙壁崇厚，故俗为阿城。”直到晚唐，诗人杜牧根据那些美丽的传说和人们对帝国的怀想，在诗文中重建了阿房宫——《阿房宫赋》终于让这座壮美的宫殿永远矗立在人们心中。也正因为杜牧的《阿房宫赋》，让后人坚信项羽火烧阿房宫的故事。

阿房原来只是上林苑“朝宫”前殿的名字，秦始皇本打算在整座朝宫建成之后“更择令名名之”。一种观点认为，阿房一名是根据此宫“四阿旁广”的构造来命名的。在《史记·秦始皇本纪》司马贞索隐中解释：“此以其形命宫也，言其宫四阿旁广也。”宫殿结构“盘结旋绕、廊腰缦回、屈曲簇拥”。阿，在古意中亦有曲处、曲隅、庭之曲之义。还有一种观点出自《汉书》。《汉书·贾山传》注释曰：“一说大陵曰阿，言其殿高若于阿上为房也。”就是说，阿房宫是由于宫殿建筑在大陵上而取名。从考古发掘来看，阿房宫就建在高峻的台基之上。考古发现证实了这一观点。前殿现存一座巨大的长方形夯土台基，西起西安市长安区纪阳乡古城村，东至巨家庄，实际长度为1320米，宽420米，最高处高约7至9米，是世界上已知的最大的夯土建筑台基。1992年，联合国教科文组织对阿房宫进行了调查和认可，将其认定为世界上最大的宫殿基址，认为阿房宫是当之无愧的世界奇迹。阿房宫之名还可能来自一个美丽的传说：秦王嬴政在邯郸城生活时爱上一个邯郸女子，名阿房，他统一天下后想立她为后，却因她是赵女而遭到众大臣反对。阿房为了不让嬴政为难，自杀身死。秦始皇为了纪念他深爱过的这位女子，因而建筑宫室名阿房宫。

秦始皇没有等到为这座皇宫命名的那一天。宫殿规模实在太大，虽然每天都有十几万名苦役参加营建，直到他的王朝覆灭，阿房宫仍然没有竣工，而且永远都不会建成了。到了宋代，这座辉煌的宫殿遗址已经被历史的尘埃所掩埋。北宋宋敏求在《长安志》一书中记载：“秦阿房宫，一名阿城。在县西二十里。西、北、（东）三面有墙，南面无墙，周五里一百四十步，崇八尺，上阔四尺五寸，下阔一丈五尺，今悉为民田。”直到今天，我们才重新发现它。它的遗址范围东至皂河西岸，西至西安市长安区纪阳寨，南至西安市未央区和平村、东凹里，北至西安市未央区车张村、后围寨一带，总面积 15 平方千米。2002 年至 2004 年，中国社会科学院考古研究所和西安市文物保护考古所组成的阿房宫考古队考察阿房宫前殿遗址，认为夯土台基面积达 54 万平方米，并得出该阿房宫未遭焚毁、原本亦未建成的看法。考古人员推断项羽焚烧的是秦咸阳宫，因为咸阳宫遗址发现大片烧过的遗迹。对这座伟大建筑的考古工作远未结束，所有的结论都还为时尚早。阿房宫依然是一个神秘的存在。谜一样的阿房宫成为一个历史的镜鉴。杜牧在《上知己文章启》中写道：“宝历大起宫室，广声色，故作《阿房宫赋》。”诗人在这篇文章中疾呼：“呜呼！灭六国者六国也，非秦也；族秦者秦也，非天下也。……秦人不暇自哀，而后人哀之；后人哀之而不鉴之，亦使后人而复哀后人也。”

即使它从未建成，但它依然是一个建筑奇迹，依然和汉代未央宫、唐代大明宫一样是中国古代宫殿建筑的代表作；它更是一个文化奇迹，当秦始皇开始营建阿房宫、万里长城、秦始皇陵和秦直道这些震古烁今的伟大工程时，它们所象征的是一个大一统帝国的诞生，它们是中华民族由分散走向统一的建筑标示。阿房宫是无可争议的“天下第一宫”，承载着华夏文明的辉煌记忆。

中国的建筑与中国的文明同样古老。它既是文化的重要组成部分，又是艺术的集大成者。梁思成先生曾言：“历史上每个民族的文化都产生了自己的建筑。但遗憾的是，并非每个民族都能从古建筑中，理解并发扬自己的文化。”建筑的设计理念和建筑法式中蕴含着中华文化的精神，时代的、历史的、地理的因素推动着它的发展。中国的古建筑凝结着一代又一代工匠的奇思妙想，工匠和文人们保持着距离，但这并不妨碍他们从文人的笔端吸取美的精神，他们同样为文人提供了美的源泉。在中国的文化历史中，他们不被认可为艺术家，那些建筑业不被认可为艺术，但他们的手艺中却呈现出无与伦比的艺术的魅力。

第一节 “有机”的建筑

中国古代的建筑大体可分为：以权力和信仰空间为旨归的宫殿寺观类建筑（类似城墙等建筑——既有作为城市空间构成的城墙，也有长城等独立的防御类建筑——这同样是权力空间的营造，可归结于此类），以家庭生活空间为旨归的民居类建筑，以日常休闲空间为旨归的亭台楼阁类建筑（园林是这类建筑的集大成者）。

不管哪一类建筑，“所有的资料来源——文字、图像、实例——都有力地证明了中国人一直采用着一种土生土长的构造体系，从史前时期直到当代，始终保持着自己的基本特征”。在梁思成先生看来，在中国文化影响所及的广大地区里——从新疆到日本，从东北三省到中南半岛北方，都流行着这同一种构造体系。尽管中国曾不断地遭受外来的军事、文化和精神侵犯，这种体系竟能在如此广袤的地域和长达四千余年的时间中常存不败，且至今还在应用而不易其基本特征。这一现象，只有中华文明的延续性可以与之相提并论，因为，中国建筑本来就是这一文明的一个不可分离的组成部分。“这种结构体系的特征包括：一个高起的台基，作为以木构梁柱为骨架的建筑物的基座，再支承一个外檐伸出的坡形屋顶。这种骨架式的构造使人们可以完全不受约束地筑墙和开窗。从热带的……到亚寒带的东北三省，人们只需简单地调整一下墙壁和门窗间的比例就可以在各种不同的气候下使其房屋都舒适合用。正是这种高度的灵活性和适应性，使这种结构方法能够适用于任何华夏文明所及之处。”

“框架式结构”是中国古建筑的最重要的一个特征。梁思成先生称之为一种“高度‘有机’的结构”。采用木柱、木梁构成房屋的框架，这种木构架结构，突出了中国传统建筑对“木”的运用。屋顶与房檐的重量通过梁架传递到立柱上，墙壁只起隔断的作用，而不是承担房屋重量的结构部分。立柱、墙体多以泥土为主构成。因此，中国传统建筑多为土木结构。这使得中国的传统建筑有很多优点，例如“墙倒屋不塌”这句古老的谚语就概括地指出了这种框架结构最重要的特点。但土木结构也使得建筑更容易毁于战火和自然的消磨，很难长时期地保存下来，所以，我们今天所看到的年代久远的建筑遗存，多为建造更为精良的宫殿寺观，例如故宫。

中国传统建筑不仅是一个高度“有机”的结构，还是一个高度“有机”的空间。每一座房屋构成一个独立的生活空间；房屋之间又构成更大的生活空间，也就是通常所说的庭院式组群。每一处住宅、宫殿、官衙、寺庙等建筑，都是由若干单座建筑和一些围廊、围墙之类环绕成一个个庭院而组成的，中国民居中的四合院就是这种典型的空间呈现，更大的宅院在四合院的基础上扩展，出现二进、三进、四进甚至更多的院落空间。欧阳修在《蝶恋花》的词中写“庭院深深深几许”，就是这种多空间构成的私人空间的写照。庭院之间又构成街道、胡同等公共空间；更多的公共空间的组合中又出现广场、市集场所等更大的公共空间。不同层次的私人空间和公共空间共同构成村落、市镇乃至城市。这种空间组合的“有机”体现了中国传统文化中的“无之以为用”的哲学思想，将有与无有机地结合在一起。老子曾说：

三十辐共一毂，当其无，有车之用。埏埴以为器，当其无，有器之用。凿户牖以为室，当其无，有室之用。有之以为利，无之以为用。

这种“有机”的空间组合的重要特点是平面布局。在中国古代建筑中，基本上有两种平面布局的方式。

一种是均衡对称式布局，沿着纵轴线（也称前后轴线）与横轴线进行设计。比较重要的建筑都安置在纵轴线上，次要房屋安置在它左右两侧的横轴线上。从四合院式的民居到宫殿建筑群到城市建设——举凡帝王的京都、皇宫、坛庙、陵寝，官府的衙署厅堂、王府、宅第，宗教的寺院、宫观以及祠堂、会馆等，往往都遵循着这样的文化理念——体现庄严雄伟、整齐对称的秩序感。故宫即是一例。两千多年前的阿房宫遗址也证明了这一点。前殿是阿房宫的主体宫殿，史载“东西五百步，南北五十丈，上可以坐万人，下可以建五丈旗。周驰为阁道，自殿下直抵南山，表南山之巅以为阙。为复道，自阿房渡渭，属之咸阳，以象天极阁道绝汉抵营室也”。阿房宫中心线一直向南，正对着秦岭北麓有名的峪口“沣峪口”。南至沣峪口，北至渭河，阿房宫所在地正是这条轴线上的最高处，与文献的记载意义相合。由此推断，阿房宫选址具有强烈的轴线意识，这条轴线有可能是秦始皇给统一后的秦帝国都城咸阳所定的轴线。“这种布局是和中国封建社会的宗法和礼教制度密切相关的。它最便于根据封建的宗法和等级观念，使尊卑、长幼、男女、主仆之间在住房上也体现出明显的差别。”

另一种是曲折变化的布局，或因地制宜，或追求变化。

举凡风景园林、民居房舍以及山村水镇等，大都采用这种形式。因地制宜的建筑——例如背山面水的民居村落体现了人的创造与自然的和谐共存的理念；追求变化的园林景观等则是对自然的浓缩，追求移步易景，诗情画意。

第二节　建筑的历史

中国的建筑是一种高度“有机”的结构。它完全是中国土生土长的东西：孕育并发祥于遥远的史前时期，“发育”于汉代（约在公元开始的时候），成熟并逞其豪劲于唐代（7至8世纪），臻于完美醇和于宋代（11至12世纪），然后于明代初叶（15世纪）开始显出衰老羁直之象。

考古学界一般认为，确定人类社会进入古文明的三要素是城市、文字和青铜器的出现。在龙山文化时期的城子崖遗址，中国最早的一批考古学者循着散落在泥土中的陶片，发现了古城墙的遗迹。1990年，山东省文物考古研究所对城子崖遗址进行了勘探和试掘，将20世纪30年代的探沟重新挖开，在其下面发现了龙山文化城址。据考古发掘，在距今六七千年前，中国古代人已知使用榫卯构筑木架房屋（如浙江余姚河姆渡遗址），黄河流域也发现有不少原始聚落（如西安半坡遗址、临潼姜寨遗址），他们多用木构架、草泥建造半穴居住所。新石器时代的大型聚落已经有明确的居住区、墓葬区、制陶场等，分区明确，布局有致。

夏、商、周三代，在中国的大地上先后营建了许多都邑。史载商汤建立商朝的时候，最早的国都在亳（今河南省商丘市）。在以后300年当中，都城一共搬迁了五次。迁都就意味着城市的营建。其中商王盘庚迁殷影响最大，今天的殷墟遗址向我们叙说着那些遥远的故事。在殷墟的宫殿和墓葬遗址中，发现了古老的中国房屋遗迹，都有很大的黄土台基，还发现了已经炭化的木材，是一些木柱的下端，它们曾支承过上层的建筑。“这些柱础的布置方式证明当时就已存在着一种定型，一个伟大的民族及其文明从此注定要在其庇护之下生存，直到今天。”自盘庚迁都殷后，才实现了政局稳定，出现了“武丁中兴”，商朝再次强盛起来。传说商王武丁的大臣傅说曾经是一个奴隶，他在劳役中发明了建筑中的板筑方法，这对后代的房屋建造产生了深远的影响。版筑法就是两边用木板立档，中间充填泥土、砂石和秸秆等构筑墙体。秸秆和泥土混用起到坚固连接的作用，夯实后继续填土泥料，继续夯实。板筑法在3000多年后的今天依然实用。

周公营建洛邑不仅是对一座城市的营建，更是将建筑置于一个“国家空间”中加以营建，既涉及风水，也涉及国运。武王克殷时，就有在天下之中的伊水、洛水流域营造新都的想法。周武王伐纣后，归途在河南偃师附近停留，与周公商量，周朝都城在西，如果想稳定这片土地，必须要在东方建立新都。周成王即位后，周公愈发意识到建立东都的重要性，他先派召公奭到伊水、洛水流域查看山川地势，而后由周公旦在古时称郏的地方营建新的国都洛邑（又名成周，今洛阳市），并将象征最高权力的九鼎放置在那里，史称定鼎洛邑。洛邑是中国第一座国家层面详细规划建设的都城，所依据的三礼图是中国最早的城市规划图，极大影响着后来各个朝代的城市建设。春秋、战国的各诸侯国均各自营造了以宫室为中心的都城。这些都城均为夯土版筑，墙外周以城濠，辟有高大的城门。

秦统一六国后，建立起中央集权的大帝国，并动用全国的人力、物力在咸阳修筑都城、宫殿、陵墓，以及长城和通达全国的驰道，即秦直道。今人通过长城和始皇陵东侧大规模的兵马俑，就可以想见当时建筑之宏大雄伟。汉武帝刘彻先后五次大规模修筑长城，又兴建长安城内的桂宫、光明宫和西南郊的建章宫、上林苑。东汉光武帝刘秀依东周都城故址营建了洛阳城及其宫殿。“总秦、汉五百年间，由于国家统一，国力富强，中国古建筑在自己的历史上出现了第一次发展高潮。其结构主体的木构架已趋于成熟，重要建筑物上普遍使用斗拱。屋顶形式多样化，庑殿、歇山、悬山、攒尖、囤顶均已出现，有的被广泛采用。制砖及砖石结构和拱券结构有了新的发展。”

魏晋南北朝时期，民族大融合和佛教的兴盛使这一时期的中国建筑融进了许多传自印度（天竺）、西亚的建筑形制与风格。由于佛教的传入和发展，佛教寺塔盛行。唐朝诗人杜牧在诗中吟咏“南朝四百八十寺，多少楼台烟雨中”，极言南朝寺庙之多。据记载，北魏建有佛寺 30000 多所，仅洛阳就建有 1367 寺。南朝都城建康也建有佛寺 500 多所，以木材构筑者居多。这一时期还盛行石窟寺的开凿。佛教徒希望在远离尘世的地方清修。石窟寺往往在山中，就着山势，从山崖壁面向内部纵深开凿，石窟中间是僧侣集会的地方，两边是住房。后来发展成为两种形式：一种叫作“礼拜窟”，一种叫作“禅窟”。石窟寺是一种独特的庙宇建筑，里面有宗教造像或宗教故事的壁画，闻名于世的敦煌莫高窟就是从那时候起开始了长达 1000 年的营造，成为集建筑、绘画、雕塑等为一体的艺术瑰宝。那一时期重要的石窟寺还有大同云冈石窟、天水麦积山石窟、洛阳龙门石窟、太原天龙山石窟、邯郸南响堂山和北响堂山石窟等。

中国的古建筑体系在隋唐时期完备，进入成熟阶段，并远播影响于朝鲜、日本。隋朝名匠李春在现今河北赵县修建了一座世界上最早的敞肩拱大石桥安济桥。盛唐气象也透射于建筑艺术。在首都长安与东都洛阳都修建有规模巨大的宫殿、苑囿、官署。唐代在都城和地方城镇兴建了大量寺塔、道观，并继承前代续凿石窟佛寺，遗留至今的有五台山佛光寺大殿、南禅寺佛殿、西安慈恩寺大雁塔、荐福寺小雁塔、兴教寺玄奘塔、大理千寻塔，以及一些石窟寺等。“此期间，建筑技术更有新的发展，木构架已能正确地运用材料性能，建筑设计中已知运用以‘材’为木构架设计的标准，朝廷制定了营缮的法令，设置有掌握绳墨、绘制图样和管理营造的官员。”

自五代十国至宋元时期，城市发展繁荣起来。由于商业、手工业的发展，城市布局、建筑技术与艺术，都有突破。《清明上河图》就记载了北宋都城汴梁（今开封）的城市风貌。北宋崇宁二年（1103年），朝廷颁布并刊行了《营造法式》。颁刊的目的是加强对宫殿、寺庙、官署、府第等官式建筑的管理。这是一部有关建筑设计和施工的规范书，是一部完善的建筑技术专书。书中总结历代以来建筑技术的经验，制定了“以材为祖”的建筑模数制。

明清时期为中国留下了著名的“故宫”建筑。从明永乐五年（1407年）起，明成祖集中全国匠师，征调了二三十万民工和军工，经过14年的时间，建成了这组规模宏大的宫殿组群。清代宫殿修造，由内务府会同工部共同掌管。内务府设营造司，负责紫禁城的修缮事宜。营造司设“样房”和“算房”，负责设计图纸，制作“烫样”和估算工料。雍正十二年（1734 年），由工部刊行《工程做法》，作为坛庙、宫殿、仓库、城垣、寺庙、王府等房屋建筑设计、施工、工料核算的准绳。建筑施工总计 11 个专业，约 20 余个工种，分工明确，各有所司，主要有木、瓦、石、扎、土、油漆、彩画、裱糊等 8 大专业。各专业相互配合，共保工程质量。历代帝王都大事兴建帝王苑囿与私家园林，在江南文化浸染下，民间也形成中国历史上一个造园高潮。今天所见北京的宫殿、城墙城门、天坛地坛等坛庙、圆明园等园林，明十三陵等帝陵，江南的园林，平遥古城的民居，以及遍及全国的佛教寺塔、道教宫观等，都构成了中国古代建筑史的华美篇章。

第三节　著名古建筑

一、平遥古城：民居

通过平遥古城我们可以一睹中国传统民居的魅力。作为我国现今保存较为完整的民居建筑群之一，平遥古城与四川阆中、云南丽江、安徽歙县并称为“中国四大古城”。联合国教科文组织世界遗产委员会这样评价：“平遥古城是中国汉民族城市在明清时期的杰出范例，保存了其所有特征，而且在中国历史的发展中为人们展示了一幅非同寻常的文化、社会、经济及宗教发展的完整画卷。”

相传平遥城墙始建于西周，公元前827年至前782年，西周宣王派大臣尹吉甫北伐狁狁时屯兵于此，筑素土城墙。明洪武三年（1370年），扩建为砖石城墙。以后景泰、正德、嘉靖、隆庆和万历各代进行过10次补修和修葺，更新城楼，增设敌台。今天所见平遥古城为典型的轴线形城池建筑，东南、西北长均为1500米，由功能完备的城墙系统限定。城墙平面呈正方形，周长6100多米，高6至10米，墙顶宽3至6米，顶部的附属建筑包括堞楼、角楼、城楼、魁星楼、文昌阁、点将台。东、西、北三面城墙基本为直线，“唯南面顿缩崛，若龟状”，依中都河蜿蜒而建。城内外有各类遗址、古建筑300多处，具有保护价值的传统四合院近4000处，其中400多处保存完整。

平遥城内的重点民居，建于1840年至1911年之间。古城建筑多为砖石窑洞与瓦房并存，围拢而成四合院的建筑格局，造就了黄土高原上最宜居的环境。四合院一般采用单进院、二进院、三进院以至更多的纵向深入的大宅院形式。院落之间多用装饰华丽的垂花门分隔。民居院内大多装饰精美，进门通常建有砖雕照壁，檐下梁枋有木雕雀替，柱础、门柱、石鼓多用石雕装饰。宅院坐北向南为最佳选择。宅院的主体建筑往往位居北端，可为窑洞之上加楼，或是砖木结构的平房。整座院落南北较长，东西较短，庭院较深，迎合了风水学中所谓聚财纳气的愿望。临街的宅门多位于“八卦”巽字方位，即宅院的东南方。有着 170 多年历史的马家大院集中国北方居民建筑、风俗文化、豪门书香、商贾门第于一体，被称为平遥古城里的第一大宅。马家大院的主人马中选是乔家大院主人乔致庸的岳父，也是清代“平遥四大家族”之首。马家大院始建于清同治年间，后经同治、光绪几十年的不断修建，逐渐形成了一座宏伟精美的建筑群体，共有 3 座大院、6 座小院、房屋 197 间。殷实之家的宅门施以砖石、木雕，门楼、台阶皆显尊贵。家家门上有匾额，匾额内容多取材于儒家经典，如“修齐”“树德”“致中和”“恭敬忠”等，辞藻繁多。有的是体现主人对美好生活向往和情怀的，如“云蒸霞蔚”“祥开吉第”“凝瑞气”“耕读传家”等。进得宅门，首先映入眼帘的影壁多为“松鹤延年”“三星在户”“岁寒三友”“天官赐福”“高山流水”等民俗吉祥图案。

城内交通四通八达。纵横交错的四条主要大街、八条小街道、七十二条小巷道构成了平遥古城简单而通畅的交通网。平遥古城与京城及皇宫建筑的格局也较为相似，都拥有一条正街为城市的中轴线，遵守左祖右社、文东武西、寺观对峙的形制，并且城内无水道河流。县城的政治、经济、市场发展及与居民生活息息相关的一切都以中轴线为中心。鸟瞰平遥古城，其形状好像一只乌龟，头南尾北，东西四门比拟为龟之四足，民间故有“龟城”之说。“龟城”之说源于古人对“四灵”的崇拜，寓意固若金汤，长治久安。南门之外，古有中都河水蜿蜒而过，古人感慨：“龟前戏水，山水朝阳，城之攸建，以此为用。”

金井楼是平遥古城的标志性建筑。因楼下的中央路面覆盖着当年的“金井”，故有“金井楼”之美称。因一日有三市，即早市、午市、晚市，故又称“市楼”。北面楼顶的黄绿色琉璃瓦组成了一个“寿”字。对面南面的楼顶则是一个“囍”字。市楼居于古城“天心十道”处，造型优美，建筑结构考究，高 18.5 米，歇山造。清代诗人赵谦得登楼云：“揽山秀于东南，挹清流于西东；仰观烟云之变幻，俯临城市之繁华。”

平遥曾是清代晚期中国的金融中心，承载着晋商的光荣历史。清代晚期，总部设在平遥的票号就有 20 多家，占全国的一半以上，更被称为“古代中国华尔街”。其中规模最大的是创建于清道光年间、以“汇通天下”而闻名于世的中国第一座票号“日升昌”。清道光四年（1824 年），中国第一家现代银行的雏形“日升昌”票号在平遥诞生。三年之后，“日升昌”在中国很多省份先后设立分支机构。19 世纪 40 年代，它的业务更进一步扩展到日本、新加坡、俄罗斯等国家。当时，在“日升昌”票号的带动下，平遥的票号业发展迅猛，鼎盛时期这里的票号竟多达 22 家，一度成为中国金融业的中心。

二、北京故宫：宫殿

北京天安门是闻名世界的地标建筑。天安门并非孤立的一座建筑，它只是一个城门，出城门向前，还有中华门、正阳门等一线贯通至最南端的永定门。由天安门向里走，还有端门、午门——这午门正是紫禁城的真正大门。

紫禁城就是今天我们所熟知的北京故宫，它是明清两代的皇家宫殿，旧称紫禁城，位于北京中轴线的中心。故宫有四座城门，南面为午门，北面为神武门，东面为东华门，西面为西华门。城墙的四角，各有一座风姿绰约的角楼，民间有九梁十八柱七十二条脊之说，形容其结构的复杂。紫禁城南北长 961 米，东西宽 753 米，四面围有高 10 米的城墙，城外有宽 52 米的护城河。北京故宫以三大殿为中心，占地面积 72 万平方米，建筑面积约 15 万平方米，有大小宫殿 70 多座，房屋 9000 余间。北京故宫是世界上现存规模最大、保存最为完整的木质结构古建筑之一。

北京故宫内的建筑分为外朝和内廷两部分。乾清门就是外朝和内廷之间的分界线。外朝以“三大殿”——太和殿、中和殿、保和殿为主，前有太和门，两侧有文华殿和武英殿两组宫殿。内廷以“后三宫”——乾清宫、交泰殿、坤宁宫为主，它的两侧是供嫔妃居住的东六宫和西六宫，也就是人们常说的“三宫六院”。主要殿座以黄色为主。绿色用于皇子居住区的建筑。其他蓝、紫、黑、翠以及孔雀绿、宝石蓝等五色缤纷的琉璃，多用在花园或琉璃壁上。太和殿屋顶当中正脊的两端各有琉璃吻兽，稳重有力地吞住大脊。吻兽造型优美，是构件又是装饰物。一部分瓦件塑造出龙凤、狮子、海马等立体动物形象，象征吉祥和威严，这些构件在建筑上起了装饰作用。故宫的这种总体布局，突出地体现了传统的封建礼制“前朝后寝”的制度。而整个故宫的设计思想更是突出地体现了封建帝王的权力和森严的封建等级制度。

故宫始建于明成祖永乐四年（1406 年），以南京故宫为蓝本营建，完成于永乐十八年（1420 年）。是明清两朝二十四位皇帝的皇宫。紫禁城的名称体现了中国的“天人合一”的建筑规划理念。《后汉书》载：“天有紫微宫，是上帝之所居也。王者立宫，象而为之。”天帝居住在紫微宫，作为“天子”的皇帝的宫殿要与之对应，以突出政权的合法性和皇权的至高性。因此，紫微、紫垣、紫宫等便成了帝王宫殿的代称。皇宫又属禁地，常人不能进入，故称为“紫禁城”。故宫严格地按《周礼·考工记》中“前朝后市，左祖右社”的帝都营建原则建造。整个故宫，在建筑布置上，用形体变化、高低起伏的手法，组合成一个整体，在功能上符合封建社会的等级制度，同时达到左右均衡和形体变化的艺术效果。

故宫建筑在北京城南北长 8000 米的中轴线上，南北取直，左右对称。清北京城的中轴线南起永定门，北至钟鼓楼，直线距离长约 7800 米。梁思成曾赞美这条中轴线是“一根长达八千米，全世界最长，也最伟大的南北中轴线穿过全城。北京独有的壮美秩序就由这条中轴的建立而产生；前后起伏、左右对称的体形或空间的分配都是以此中轴线为依据的；气魄之雄伟就在这个南北引申、一贯到底的规模。”这条中轴线南起外城永定门，经内城正阳门、中华门、天安门、端门、午门、太和门，穿过太和殿、中和殿、保和殿、乾清宫、坤宁宫、神武门，越过万岁山万春亭、寿皇殿、鼓楼，直抵钟楼的中心点。从这条中轴线的南端永定门起，又有左右对称的天坛—先农坛、东便门—西便门、崇文门—宣武门、太庙—社稷坛、东三座门—西三座门、长安左门—长安右门、东华门—西华门、东直门—西直门、安定门—德胜门。中轴线连着四重城，即外城、内城、皇城和紫禁城，好似北京城的脊梁，鲜明地突出了九重宫阙的位置，体现了封建帝王居天下之中“唯我独尊”的思想。建立中轴线，目的是强调封建帝王的中心地位。明清时期城市总体布局以中轴线为中心，左面为太庙（今劳动人民文化馆），右面为社稷坛（今中山公园），前面是朝廷，后面为市场，即“左祖右社”“前朝后市”。北京故宫的北面是万岁山，南面是金水河，也符合古人“负阴抱阳，冲气为和”的建宫原则。

宫殿建筑一直是中国古代建筑的代表之作。秦始皇兴建阿房宫，被称为“天下第一宫”。西汉初年修建未央宫，宫城周围达 8900 米。汉高祖刘邦曾因见到这座宫殿建筑的奢华而动怒，主持这一工程规划的萧何说：“天子以四海为家，非令壮丽亡以重威。”这一观念成为历代宫殿营造的出发点。

三、艺圃：中国园林

中国古典园林的精华集中在江南，所谓“江南园林甲天下，苏州园林甲江南”。我国建筑界也认为“中国古典园林精华萃于江南，重点则在苏州，大小园墅数量之多、艺术造诣之精，乃今天世界上任何地区所少见”。现存的苏州古典园林相当可观。在刘敦桢的《苏州古典园林》一书中论述的古典园林就有15处（拙政园、留园、狮子林、沧浪亭、网师园、怡园、耦园、艺圃、环秀山庄、拥翠山庄、鹤园、畅园、壶园、残粒园、王洗马巷某宅庭院）。其中，最为著名的是拙政园、留园、狮子林、沧浪亭和网师园。此外，在江南其他地方和北方地区，至今也保存着一些著名的古典园林，北京的颐和园和北海，以及河北承德的避暑山庄，就是北京地区最著名的古典园林。

晚明形成了中国历史上物质文化的高潮。其集中体现，就是对物的迷恋，也就是对艺术的泛化，艺术开始由艺术品本体转向审美的日常化。园林作为一种文人生活空间，成为一个重要的标志。尤其苏州，自宋以降，就成为“江南”的核心地域，其园林营造以中国山水花鸟的情趣，寓唐诗宋词的意境，在有限的空间内点缀假山、树木，安排亭台楼阁、池塘小桥，蕴含浓厚的中国传统思想和文化内涵，成为东方文明的造园艺术典范。宋代就有沧浪亭、网师园，明清时期，社会经济文化发展达到鼎盛，造园艺术趋于成熟，出现了一批园林艺术家，使造园活动达到高潮。晚明出现了计成、文震亨和张南垣三个中国造园史上非常重要的人物。“计成以画艺造园，并写出了中国古代唯一一部造园专著，其影响远播至日本。文震亨以琴诗书画闻名，在《长物志》

中对造园、品园多有论述，并建香草垞。张南垣曾从董其昌学画，后从事造园，以布衣身份与钱谦益、吴伟业等文坛巨子交往，后以造园技艺而留名《清史稿》，其家族从事造园一直延续到建国后。”如果说建筑是艺术及手艺的集大成者，那么，中国的园林则是建筑、景观与器物的集大成者，它是自然与人居结合的典范，它的景观是人的创造，但皆取之于自然，而且其目的就是展现自然，它所展现的，是自然的精神。其中的器物，大至亭台楼阁，小至文房雅玩，则体现了人的精神。园林既体现了人对自然的尊崇，又体现了人对自然的巧妙利用。

艺圃是明式小园林的代表，始建于明嘉靖二十年（1541 年），全园有地仅为五亩，以约占五分之一的池水为中心。其东南及西南两角，各有水湾伸出，并于水口之上各架形制不同的石板桥一座，故而水面显得开阔流动，绝无壅塞局促之感。池水之北多建筑，博雅堂为园中主要厅堂，其南端有小院，设湖石花台，院南临池处，建有水榭五间，两侧厢房则与池水东、西两面的厢房相连。池水之南为假山，以土堆成，临水之处，则以湖石叠成绝壁、危径，既多变化又较自然。于池北远望此处，山石嶙嶒，树木葱郁，给人以奇秀之美、山林之趣，成为园中的主要对景。此种以池水、石径、绝壁相结合的手法，为明清苏州一代造园家所常用，取法自然而又力求超越自然。其开朗简练的叠山理水手法展现出“闭塞中求敞”“浅显中求深”“狭隘中求险”的哲学诉求。

艺圃初为袁祖庚醉颖堂。袁祖庚是明代辛丑年（1541年）进士，任学宪，雅洁自好，见官场腐败，强仕之年（40岁）就弃官归隐，还放下斯文，公然经营为主流社会所不齿的“田业”，在当时“吴中士大夫往往不乐居此”的地方，草创了艺圃（时名“醉颖堂”），过隐士生活。

艺圃的第二任主人是文震孟。文震孟曾祖父就是大名鼎鼎的文徵明，祖父文彭、父亲文元发也是著名书画家。文震孟状元出身，官至大学士。他与兄弟文震亨（即《长物志》作者），在东林党与阉党的斗争中，立场坚定，不屈不挠，始终站在东林党人一边，受到朝野不少人的拥戴。万历四十八年（1620年）文震孟购得艺圃时，还是个秀才，他对已经废弃的艺圃只是略加修葺，改“醉颖堂”名为“药圃”。其后几十年，尽管文震孟的地位愈来愈高，对自己的这所宅园，却从未扩充过一分土地、加建过一楹房屋，基本上保存了“醉颖堂”时期“写意山水园”的特色。文震孟于崇祯九年（1636年）罢官返苏，当年秋天逝世于药圃。8年后，即1644年，明亡，文震孟的弟弟文震亨忧愤而死。之后，药圃就日趋荒芜。

清顺治十六年（1659年），园归山东莱阳人姜埰。姜埰是明末大臣，因直言政治，触怒崇祯皇帝，谪戍宣州卫（今安徽省），未至戍所而明亡，于是辗转寓居苏州。成了艺圃的第三任主人后，他改药圃名为颐圃、敬亭山房。1673年，姜埰逝世，次子姜实节又将敬亭山房改名为艺圃。作为明王朝的遗老遗少，姜埰父子传奇式的经历及誓不仕清的刚烈风范，为艺圃带来了更多的荣誉。正因为园主的高风亮节，致使小小的艺圃“马蹄车辙，日夜到门，高贤胜景，交相为重”，成为当时著名的文人活动中心。清初风标劲节的名士大多光顾过艺圃，并为艺圃留下了大量的诗文和书画作品，极大地提高了艺圃的品位及其价值取向。后来此园又数易其主，但园名仍叫艺圃。

园林追求“虽有人作，宛自天开”的艺术境界，所以，中国古典园林是建筑、山池、园艺、绘画、雕刻以至诗文等多种艺术的综合体。中国古典园林特别善于利用具有浓厚的民族风格的各种建筑物，如亭、台、楼、阁、廊、榭、轩、舫、馆、桥等，配合自然的水、石、花、木等组成体现各种情趣的园景。园林集中体现了建筑的艺术性。

第八章

戏　剧

春秋时期，淮河洪灾频发，楚国的孙叔敖主持治水，他带领人民大兴水利，修堤筑堰，开沟通渠。他修筑了中国历史上第一座水利工程——芍陂，借淮河古道泄洪，筑陂塘灌溉农桑。人们至今还受惠于这项2600多年前的水利工程。2015年，芍陂成功入选世界灌溉工程遗产名单。孙叔敖还主持兴办了期思雩娄灌区，利用大别山上来水，在泉河、石槽河上游修建水陂塘，形成水藤结瓜式的期思陂，既防下游水涝，又供上游灌溉。这是中国最早见于记载的大型灌溉工程。

楚庄王因此任命孙叔敖为令尹——这是楚国在春秋战国时代的最高官职，相当于宰相，总揽军政大权，执掌一国之国柄。孙叔敖以贤能闻名于世，司马迁称他“三为楚相，施教导民，上下和合，世俗盛美，政缓禁止，吏无奸邪，盗贼不起”。孙叔敖成为古代为官清正廉洁的典范，《吕氏春秋》《荀子·非相》载其为圣人，司马迁《史记·循吏列传》列其为第一人。作为一位令尹，他却轻车简从，吃穿简朴，妻儿不衣帛，马不食粟，竟穷得家徒四壁。到他病死，连棺木也没有准备。

孙叔敖当令尹时，楚国宫廷中有一个艺人，人称优孟，他从小善辩，擅长表演。优孟常在谈笑扮丑中讽谏时事。孙叔敖知道优孟是个贤人，很看重他。孙叔敖临死前嘱咐自己的儿子说：“我死了以后，你没有了依靠，说不定会贫困，如果那样的话，你就去找优孟，他会帮你。”孙叔敖死后，他的儿子果然穷困潦倒，靠砍柴度日。实在过不下去了，他想起父亲的嘱托，就去找优孟。

优孟知道了情况，告诉他：“你别出远门，等我消息。”随即，优孟回家，命人缝制了孙叔敖那样的衣服帽子，他穿戴上去，每日模仿孙叔敖的言谈举止。一年多以后，优孟扮孙叔敖，就如同孙叔敖本人，连楚王和大臣们都分辨不出来。庄王举行酒宴，优孟装扮好上前敬酒。庄王大惊，以为孙叔敖复活了，要任命他为宰相。优孟说：“请允许我回去和妻子商量商量，三天后再来就任。”

三天后，优孟来了。庄王问：“你妻子说了些什么？”

优孟答："我妻子不同意，她说楚国宰相不值得做。孙叔敖身为宰相，忠诚廉洁，楚王才得以称霸。现在他死了，他儿子却连立锥之地都没有，穷得靠砍柴为生。像孙叔敖那样，还不如自杀。"接着优孟唱道："在山野中耕田，受尽劳苦，却不得温饱。奋发图强，终于做官。那些贪赃枉法、卑鄙无耻的，就会积财致富，死后家室富足。可是他受贿枉法，为非作歹，犯下大罪，自己会被处死，家室也遭诛灭。贪官哪能做呢？还是做个清官啊，奉公守法，尽忠职守，到死都不敢做坏事。可是，清官又哪能做呢！楚相孙叔敖坚持操守，终生廉洁。现在怎么样呢？他的妻儿穷困到靠砍柴糊口。这清官看来也不值得做啊！"

楚庄王听罢，惭愧不已，感谢优孟点醒了他。他马上召见孙叔敖的儿子，把寝丘的四百户赐给他作为封邑，用来供奉祭祀孙叔敖。后来孙叔敖一族传十代都未断绝。

这就是"优孟衣冠"的故事。优孟衣冠向来被认为是中国戏剧的开端，这个成语甚至成为演戏的代名词。

一说起戏剧，我们自然会想到京剧，以及遍及全国各地的地方戏，如河南的豫剧、浙江的越剧、安徽的黄梅戏、陕西秦腔、河北梆子、四川的川剧、山东的吕剧等。全国有300多种地方戏。其中京剧、豫剧、越剧、黄梅戏、评剧被称为"中国五大戏曲剧种"。京剧是中国影响最大的戏曲剧种，代表剧目有《宇宙锋》《玉堂春》《长坂坡》《群英会》《打渔杀家》《空城计》《贵妃醉酒》等；豫剧代表剧目有《穆桂英挂帅》《七品芝麻官》《花木兰》等；越剧代表剧目有《红楼梦》《梁山伯与祝英台》等；黄梅戏代表剧目有《天仙配》《女驸马》《牛郎织女》等；评剧代表剧目有《秦香莲》《小女婿》《刘巧儿》等。

京剧与地方戏是我们所理解的传统戏剧，即戏曲。这是一种有剧情的，“以歌舞演故事”的，综合音乐、歌唱、舞蹈、美术、武术、杂技及表演于一体的综合艺术。还有以“说、唱”为主要的艺术表现手段的曲艺——说的如相声、评书，唱的如京韵大鼓，似说似唱的如快板，又说又唱的如山东琴书，又说又唱又舞的如二人转。据调查统计，中国仍活跃在民间的曲艺品种有400个左右。戏曲和曲艺共同构成了中国传统戏剧。我们今天所讨论的“戏剧”，其实还混杂了西方概念的“戏剧”，是一种演员扮演角色在舞台上当众表演故事的综合艺术，其表演形式还有话剧、歌剧、舞剧、音乐剧、木偶戏、皮影戏等。京剧和地方戏等曲艺所形成的时间大多在明清时期，它们是在漫长的历史中不断演化而最终定型，又随着时代的发展而在剧本、表演等方面不断发展的。

第一节 起源：巫与优

关于中国戏剧之起源，说法不一，影响最大的，是王国维先生提出的“巫觋说”。他在《宋元戏曲考》中提出：“歌舞之兴，其始于古之巫乎？巫之兴也，盖在上古之世。巫之事神，必用歌舞。”其实，早在明代，杨慎就在《升庵集》（卷四十四）中针对楚辞之《九歌》提出：“女乐之兴，本由巫觋……观楚辞《九歌》所言巫以悦神，其衣被情态与今倡优何异！”王国维也提出了巫与优的异同，他认为：“巫以乐神，优以乐人，巫以歌舞为主，优以调谑为主，巫以女为之，而优以男为之。至若优孟之为孙叔敖衣冠，而楚王欲以为相，优施一舞，而孔子谓其笑君，则于言语之外，其调戏亦以动作行之，与后世之优颇复相类。”由此推论：“后世之戏剧，当自巫、优二者出。”

王国维在《戏曲考原》中指出：“戏曲者，谓以歌舞演故事也。”传统戏剧也是广义的音乐的一种，兼具诗、歌、舞、乐四要素。诗与歌是文学叙事及其表现形式，歌与舞是表演。“春秋战国之俳优，如晋之优施，楚之优孟，即为戏剧之滥觞。顾以歌舞及戏谑为事，尚未演历史故事。自汉以后，始间演之。降及南北朝，遂合歌舞以演一事，但以事实至简，仅具戏剧轮廓，谓之为戏，不如谓之为舞也。”学者黄现璠在这里强调了戏剧中文学（故事）的重要性。“盖乐从于心而发于器，乃用以兼统诗、歌、舞三事。”

岑家梧通过对国内外各种原始图腾歌舞的考察，在《图腾艺术史》中指出：“图腾跳舞的形式，于戏剧发生史上的影响，尤为我们不能忽略。一切模仿动物动作的跳舞，可视为原始戏剧之萌芽。”澳大利亚土著民族的图腾舞即是他的研究对象之一。图腾民族从出生到死亡的仪式，无不以跳舞为重要内容。图腾民族的跳舞仪式共有五类：入社式、“阴特丘摩”式第一部、“阴特丘摩”式第二部、“伏龙魁”蛇节、“哥罗波里”。图腾集团的成员，达到一定的年龄之后，须举行入社式，始被正式承认为集团中的一员，接受集团的一切权利与义务。入社式的主要内容即跳图腾舞。各地入社式的跳舞表演形式，虽微有不同，大致都以模仿图腾为目的。跳舞者必须装扮为图腾的样子，动作的表演，完全模仿动物动作的形状。图腾舞的形式除

傩舞面具

了动物模仿，还有许多人做一致的跃动，这主要是由狂热的情绪所引起的。图腾舞的形式，对戏剧的产生和发展有着重大影响。格罗塞曾提出：“音乐在最低文化阶段，是与跳舞、诗歌极密切地连结而出现的。没有音乐伴奏的跳舞，原始民族或文明民族间，所得见的甚少。”英国牛津大学教授龙彼得在《中国戏剧起源于宗教仪式考》一文中也认为：“在中国，如同在世界任何地方，宗教仪式在任何时候，包括现代，都可能发展为戏剧，决定戏剧发展的各种因素，不必求诸遥远的过去，它们如今仍然还活跃着。”

《吕氏春秋》载：“昔葛天氏之乐，三人操牛尾，投足以歌八阕。”葛天氏的原始部落中有一种集体歌舞，其表演形式是三人手拿牛尾，踏着歌声的节拍而投足。这八阕有《载民》《玄鸟》《遂草木》《奋五谷》《敬天常》《达帝功》《依地德》《总万物之极》，有的祈祷五谷丰登、草木茂盛、牲畜兴旺，有的歌颂天地之德，有的颂扬祖先与图腾等。八阕显然就是一种巫术仪式。《律吕精义》指出：“夫乐之在耳者曰声，在目者曰容。声应乎耳，可以听知；容藏于心，难以貌观。故圣人假干戚羽旄以表其容，发扬蹈厉以见其意，声容选和而后大乐备矣。”音乐和舞蹈是相伴生的，而且似乎尤重舞蹈，突出了对音乐艺术的视觉性的发扬。中国的传统音乐同时注重视觉，因此更具表演性。

在春秋时期的楚国能够创造出《优孟衣冠》这样的优戏来，与音乐的发展也有必然的关系。1978 年，曾侯乙墓中出土了我国公元前 5 世纪一组大型乐器——编钟，以及编磬、排箫、建鼓、笙、篪、瑟、十弦琴等 124 件。尤其难得的是，编钟上镌刻着我国先秦时期的乐学理论铭文，多达 2800 余字，是世界上最古老的乐学理论之一。这证明了当时长江中下游的楚国音乐艺术已发展到相当高度。

第二节　优戏与百戏

出于巫术的歌舞逐渐发展为中国传统文化中与“礼”并列的“乐”。作为“礼乐”的另一面，优戏则发展为娱乐的艺术。尽管戏剧起源的说法有很多种，但作为一种艺术实践的优戏，无疑是戏剧的早期形态之一种，而且是极重要的一种。唐代孔颖达注《春秋左传正义》云：“优者，戏名也”。唐代颜师古注汉代史游《急游篇》云：“倡，乐人也，优，戏人也。”清人焦循说：“优之为伎也，善肖人之形容，动人之欢笑，与今无异耳。”在历史记载中，在夏朝时，就有优戏，宋人高承《事物纪原·俳优》引《列女传》说：“夏桀既弃礼仪，求倡优侏儒，而为奇伟之戏。”近人杨中中先生在《祖师爷须知问题》一文中认为：近伶界奉祀的翼宿星君，实为优孟。因“孟”与“梦”同音，故迄今伶人讳言“梦”字。二签梆子班称“梦”为黄粱子，亮曲班称“梦”为兆，皆坐此之故。

秦汉时有百戏。《汉元帝纂要》载：“百戏起于秦汉曼衍之戏，技后乃有高絙、吞刀、履火、寻橦等也。”可见百戏包括杂技、角抵、幻术、游戏等，尤以杂技为主。东晋葛洪的《西京杂记》记载：“有东海人黄公，少时为术，能制蛇御虎……秦末有白虎见于东海，黄公乃以赤刀往厌之。术既不行，遂为虎所杀。三辅人俗用以为戏，汉帝亦取以为角抵之戏焉。”故事讲的是东海人氏黄公，年轻时练过法术，能够抵御和制伏蛇、虎。他经常佩带赤金刀，用红绸束发，作起法来，能兴云雾，本领很大。到了老年，气力衰疲，加上饮酒过度，法术失灵。秦朝末年，东海出现白虎，自负的黄公仍想拿赤金刀去镇服它，可是法术不起作用，反被白虎咬死了。《汉书武帝纪》中记载，元封三年春，皇家在京师举行百戏表现，“三百里内皆（来）观”。至南北朝时，百戏亦称“散乐”。“散乐”与“百戏”合称“散乐百戏”，涵盖面更加广泛，成为当时民间演出的歌舞、戏曲、杂技、杂耍节目的总称。唐代长安设有教坊，“以隶散乐、倡优、曼延之戏”，已有技艺的侧重，“倡优”重说唱技艺，曼延之戏指杂技表演。

唐代的戏剧与传奇小说的兴起、音乐歌舞的繁荣等有着直接的关系。例如曲子的兴盛。曲子是与宫廷雅乐相对应的民间俗乐，其发展与城市文化的兴起有着密切的关系。曲子在隋代时大都流行于乡间村野，至初唐、盛唐时在乡间也很活跃，成为农民们在劳动、休息时的重要娱乐活动。宋王灼在《碧鸡漫志》中写道："盖隋以来，今之所谓曲子者渐兴，至唐稍盛。"白居易在《杨柳枝》诗中也曾写道："古歌旧曲君休听，听取新翻《杨柳枝》。"1900 年在敦煌莫高窟藏经洞所发现的"敦煌曲子"，风格朴素，语言晓畅，节奏明朗，保持了民间审美情趣，反映了较广泛的社会生活面，"有边客游子之呻吟，忠臣义士之壮语，隐君子之怡情悦志，少年学子之热望与失望"（王重民《敦煌曲子词集叙录》），亦有深沉真挚的爱情抒发、反抗吐蕃压迫的愤怒呐喊等。又如佛教"俗讲"的兴盛。当时的佛教寺院为了宣传佛经教义，采用了"俗讲"的方法，即以讲故事及说唱的形式来吸引听众。俗讲的要求是严格的，"转读之为懿，贵在声文两得"（《高僧传》），注重形式与内容、曲谱与歌词的完美协调，只有这样才能达到俗讲的目的。俗讲的本子称为"变文"。由于俗讲富有故事情节性，说唱表演生动，因而很受群众的欢迎，从而也反过来促进了俗讲的民间化。戏剧发展的另一个重要原因是相应的器乐的丰富多彩。唐段安节《乐府杂录》载唐代的乐器有300种之多。器乐的演奏也更为分工精细而组合完善，在九部乐、十部乐中乐队的乐器搭配已分为吹乐器18种、弦乐器15种、打击乐器21种。皇帝的热爱也起到了很大的促进作用。如唐明皇李隆基精通音律，自己亦能制曲，并选“坐部伎”三百人、宫女几百人入“梨园”教习“法曲”，称为“皇家梨园弟子”。后来人们便把从事戏剧艺术的人称为“梨园弟子”。唐庄宗李存勖，知音律能唱曲，他自取艺名为“李天下”，亲身参加过俳优演出，还扮演过卖药卜课的刘山人。他在政治上昏庸无能，却颇热心于戏剧事业。

杜佑在《通典》中载：“歌舞戏，有《大面》《拨头》《踏谣娘》《窟垒子》等戏。”如唐代天宝年间诗人常非月在《咏谈容娘》一诗中，就描写了《踏谣娘》剧目在大街上演出的热闹场面：“举手整花钿，翻身舞锦筵。马围行处匝，人簇看场圆。歌要齐声和，情教细语传。不知心大小，容得许多怜。”从中可见当时的杂戏演出已具相当规模及相应的艺术水准，既有戏剧动作、载歌载舞，又有台词对白、故事情节，因而颇吸引观众。

第三节　杂剧与南戏

自宋元起，传统戏剧逐渐成形，是因为市民社会的兴起，也就是说，戏剧兴起于民间，而且更盛行于民间。唐文标在《中国古代戏剧史》中认为："中国戏剧的主要起源来自民间，古剧所以晚起，所以掺杂无数民间杂艺，它的通俗内容和大众化的语调外形，它的平庸思想，人情世故的主题，它之所以跟世界上希腊悲剧和印度梵剧大异的地方，完全由于它自民间来，以满足平民阶层的娱乐消闲为第一要点，因此它的成熟期也非要等待中国农业社会演化的结果——宋代出现一个具体而微的大众化市民社会不可了。"

据《东京梦华录》《西湖老人繁胜录》《都城纪胜》《梦粱录》《武林旧事》等古籍记载，随着两宋商业活动的发展繁荣而形成了商业新"街市"。新"街市"中出现的大大小小的瓦舍，便是市民大众休闲娱乐的好去处。都市宵禁被取消了，市民大众有了更多的休闲时间和场所。周密《武林旧事》卷十载"官本杂剧段数"剧目280种，其中有些杂剧剧目可能在当时的瓦舍勾栏中上演。宋、金、元乡村中的戏曲演出，多在神庙戏台上演，村民在求神赐福之后则是休闲娱乐。看戏的观众成分复杂，包括社会各阶层人士，上至帝王贵胄，下至贩夫走卒，甚至还有僧人道士。瓦舍勾栏、宫廷集宴、乡村庙会是宋元戏曲孕生的温床。北宋孟元老《东京梦华录》卷五“京瓦伎艺”条载：“崇、观以来，在京瓦肆伎艺……般杂剧：杖头傀儡任小三，每日五更头回小杂剧，差晚看不及矣……教坊钧容直，每遇旬休按乐，亦许人观看。每遇内宴前一月，教坊内勾集弟子小儿，习队舞，作乐杂剧节次。”南宋耐得翁《都城纪胜·瓦舍众伎》中说：“散乐，传学教坊十三部，惟以杂剧为正色。”杂剧是瓦舍勾栏中表演的主要项目。瓦舍上演的伎艺，北宋有小说、讲史、嘌唱、诸宫调、唱赚、合生、武艺、杂技、角抵、傀儡戏、影戏、说笑话、猜谜语、舞蹈、滑稽表演等 20 多种，南宋则发展到 50 多种。

在这种社会生活基础上，产生了杂剧和南戏。杂剧是各种滑稽表演和歌舞杂戏的总称，北宋时盛行于东京（今河南开封），南宋时临安（今浙江杭州）也很流行。宋杂剧是在继承隋唐参军戏和歌舞戏的基础上，广泛吸收曲艺、歌舞的伎艺发展而成的戏曲。据《都城纪胜》记载：“杂剧中，末泥为长，每四人或五人为一场。先做寻常熟事一段，名曰艳段；次做正杂剧，通名为两段。”也就是演出时一般由四个角色组成，有的增添一人，分为“艳段”和“正杂剧”两个部分。“艳段”是在正剧上演前表演的一段日常生活中的熟事，颇似今天戏剧演出的“热场”；“正杂剧”又分为两段，表演一个完整的故事，是杂剧的主体。到了南宋，在“艳段”“正杂剧”之后，又增加了第三部分——“杂扮”。“杂扮或杂班，又名技和，乃为杂剧之散段。”“杂扮”是由民间的滑稽戏演变而来的，作为杂剧之后的散段，又称“杂班”或“拔扣”。后来，北方的杂剧逐渐发展为元杂剧，南方的杂剧逐渐发展为宋元南戏。南戏则综合了宋代众多的伎艺，如宋杂剧、影戏、傀儡戏、歌舞大曲，以及唱赚、缠令等在表演上的优点，与诸宫调的关系则更为密切。

一、中国第一戏

南戏昌盛于北宋末至元末明初的200年间，最早兴起于中国南方地区，是中国戏剧最早的成熟形式之一。徐渭《南词叙录》说：“南戏始于宋光宗朝，永嘉人所作《赵贞女》《王魁》二种实首之。……或云：宣和间已滥觞，其盛行则自南渡。号永嘉杂剧，又曰鹘伶声嗽。”南戏的伴奏系统即南曲。南曲成为后世重要的汉族戏曲声腔系统，孕育了海盐腔、余姚腔、昆山腔、弋阳腔等“南戏四大声腔”，也对明清以来多种地方戏产生了重要影响。昆曲即源于昆山腔。

南戏早期的剧本《张协状元》最为著名。这个故事载于明代《永乐大典》第13991卷。《永乐大典》全书22877卷

（目录60卷，共计22937卷），11095册，约3.7亿字，汇集了古今图书七八千种。后因战乱、火灾、盗取等原因而散失，仅存800余卷散落于世界。1920年，叶恭绰先生在伦敦的小古玩肆发现此卷，他作题记："余于民国九年游欧时，一日，在伦敦闲游，入一小古玩肆，惊见此册，'职'字一册，遂购以归。此标戏文二十七，足征前后所辑戏文尚多，惜均已佚，此仅存本，诚考吾国戏剧者之瑰宝也。"他所述"戏文二十七"就是《张协状元》。《张协状元》成为现存唯一最早、保留最完整的古代戏曲剧本，被现代史学界誉为"中国第一戏"。

《张协状元》讲述成都书生张协赴京赶考，路上为强盗所劫，身受重伤，被五鸡山下贫女救下，照顾他到痊愈。在邻居撮合下，二人结为夫妇。张协入京赴考，贫女卖发为他凑齐盘缠。张协高中状元，当朝权贵王德用想将女儿胜花嫁给他，被他拒绝，胜花羞愧身亡，王、张遂成仇冤。贫女闻夫显贵，入京寻夫，张协以其卑贱粗糙而嫌弃她，觉得有辱他的身份，拒不相认，赶走贫女。被抛弃的贫女伤心欲绝，一路乞讨着回家。张协离开京城走马上任，路过五鸡山，复遇贫女，被斥不义，他非但没有想起贫女对他的恩情，反而觉得耻辱，竟拔剑怒砍贫女，恩断义绝，扬长而去。王德用为报仇隙，申请赴任梓州，路救贫女，收她为义女。在梓州任上，王德用为难张协，张协无可奈何；关西老将谭节使从中斡旋说和，二人尽释前嫌。张协复娶王德用之女，正是贫女。有情人无情人，终成眷属。

二、元曲四大家

在南戏发展的同时，元杂剧也演化为一种成熟的高级戏剧形态。元曲因此被视为与唐诗、宋词争辉的“一代之文学”。元曲包括杂剧和散曲，有时专指杂剧。杂剧繁盛于元大德年间（13世纪后半期至14世纪），主要作家以“元曲四大家”关汉卿、郑光祖、马致远、白朴为代表。主要代表作有《窦娥冤》《倩女离魂》《汉宫秋》《梧桐雨》等。

关汉卿是“元曲四大家”之首。他出身医户，是一个下层医人，编剧和演出活动只不过是兼职和谋生的手段。他后来为谋生到了元大都，开始专事戏剧活动。那时候，戏剧艺术已经高度职业化，在大都有很多商业性的演出团体，专门撰写剧本的“书会才人”和进行表演的“职业演员”大行其道。关汉卿在大都生活的日子里，进娱乐场所从事杂剧创作活动，甚至亲自粉墨登场。后来，关汉卿又南下扬州、杭州等地，继续从事他的艺术活动。他留连于勾栏瓦肆，与一些著名艺人也相当熟悉。传说他和当时最著名的演员珠帘秀关系密切，而且，可能与戏曲家王实甫有一定关系，传说两人共同完成了杂剧《西厢记》。关汉卿自称："我是个普天下郎君领袖，盖世界浪子班头。"又说："我是个蒸不烂、煮不熟、捶不扁、炒不爆、响当当一粒铜豌豆。"元人熊梦祥评价他："生而倜傥，博学能文，滑稽多智，蕴藉风流，为一时之冠。是时文翰晦盲，不能独振，淹于辞章者久矣。"王国维评关汉卿："一无依傍，自铸伟词，而其言曲尽人情，字字本色，故为元人第一。"清人张汉评价他对元曲之贡献："灵均之为声也，以骚；子云之为声也，以赋；少陵之为声也，以诗。……迨骚、赋、诗一变而为乐府，而关汉卿之流作焉。"

马致远的《汉宫秋》是根据汉代毛延寿和王昭君的故事改编而来。故事中汉元帝性情孤僻多疑，任用宦官石显为中书令。石显等谄媚小人把持朝政，狼狈为奸，为了防止皇帝亲近儒臣，鼓动皇帝在全国采选美女入宫。秭归美女王嫱天生丽质，被征选入宫。宫人为得皇帝宠幸，纷纷贿赂画师毛延寿。毛延寿借机收受贿赂，中饱私囊。王嫱因不肯向毛延寿行贿，被毛延寿画得丑陋不堪，因而入宫三年，无缘得见君王之面。汉元帝巡视后宫偶与王嫱相遇，惊为天人，遂加以宠爱，并封为明妃。汉元帝查明毛延寿索贿不成而将王嫱画丑，盛怒之下，下旨查抄毛府。毛延寿逃出长安，投奔匈奴。毛延寿献王嫱美图于呼韩邪单于，挑动呼韩邪单于大举内侵，向汉朝廷索要王嫱为妻。汉朝文武百官畏惧匈奴，没有一人敢主动请缨，反以美人祸国为由，把责任全推到王嫱身上。汉元帝只好忍痛割爱，让昭君出塞，并亲自到灞桥送别。昭君随匈奴使者北上，心中不舍故国，在汉蕃交界处投江自尽。

马致远的《汉宫秋》与关汉卿的《窦娥冤》、白朴的《梧桐雨》以及纪君祥的《赵氏孤儿》被称为“元曲四大悲剧”。

不论南戏还是元杂剧，它们在娱乐习惯和部分艺术形式的构成上都有一个显著共同的源头，那就是上古以来一脉传承的优戏。

三、汤显祖

明清时期，从宋元南戏和金元杂剧发展与丰富起来的传奇兴起，明清传奇在形式上承继南戏体制，且更加完备。明代中叶，传奇作家和剧本大量涌现，其中成就最大的是汤显祖，他一生写了许多传奇剧本，《牡丹亭》是他的代表作。《牡丹亭》全称《牡丹亭还魂记》，也称《还魂梦》或《牡丹亭梦》，刊行于明万历四十五年（1617 年）。

《牡丹亭》的女主人公杜丽娘正是情窦初开的怀春年纪，天生丽质，多愁善感。一天，她当太守的父亲杜宝聘请老儒陈最良给她授课，这位迂腐的老先生第一课讲《诗经》的“关关雎鸠”，即触动了少女情愫。几天后，杜丽娘在后花园踏春归来，觉得困乏，径自睡去。一会儿看见一个书生拿着柳枝到她面前，请她作诗，接着又将她抱至牡丹亭，无尽缠绵。一觉醒来，竟是一梦。她寻梦到牡丹亭，并未见梦中人，从此相思成疾，竟药石不救而死。他父亲此时升任淮扬安抚使，临行前将女儿葬在后花园梅树下，并修成“梅花庵观”一座，嘱一老道姑看守。杜丽娘死后，游魂来到地府，判官问明她致死情由，查明婚姻簿上，有她和新科状元柳梦梅结亲之事，便准许放她回返人间。

书生柳梦梅赴京应试，路过杜丽娘原来的家，感风寒，卧病住进梅花庵中。病愈后他在庵里遇到杜丽娘的游魂，二人恩恩爱爱，生活在一起。老道姑察觉异常，柳梦梅与她道破私情，和她秘议请人掘开杜丽娘墓，杜丽娘复生如初。两人随即做了真夫妻。杜丽娘陪柳梦梅赴京应考。考完后柳梦梅到淮扬找到杜府，自称是杜家女婿。杜巡抚怒不可遏，他女儿三年前就死了，又如何能复生嫁人？待听柳梦梅竟掘了女儿杜丽娘的墓，杜巡抚怒不可遏，判他斩刑。此时，朝廷来人找到杜府，报知柳梦梅中了状元。柳梦梅这才脱身。但杜巡抚不信女儿会复活，并且怀疑这状元郎也是妖精，于是写了奏本让皇上公断。皇帝传杜丽娘到公堂，在“照妖镜”

前验明，果是真身。于是下旨让这父子夫妻相认，一段跨越生死的恋情，终于以大团圆而告终。

汤氏认为一切艺术皆由情而生，也就是“为情作使”。他在《牡丹亭记题词》中说：“情不知所起，一往而深。生者可以死，死可以生。生而不可与死，死而不可复生者，皆非情之至也。梦中之情，何必非真，天下岂少梦中之人耶？”他的“临川四梦”——《牡丹亭》《紫钗记》《邯郸记》《南柯记》，写尽了中国人的梦与现实。他对于中国人精神世界的探索，比任何时代走得更远。

汤显祖辞官后隐居家乡，致力于创作。他自称“偏州浪士，盛世遗民”，说“天下事耳之而已，顺之而已”。后又以“茧翁”自号。明神宗万历四十四年六月十六（1616 年 7 月 29 日），汤显祖在临川逝世。这一年，英国的莎士比亚也逝世于他的故乡沃里克郡斯特拉福镇。有人称汤显祖为“东方莎士比亚”。他实为“绝代奇才”“千秋之词匠”（吕天成）。明代沈德符评价他“才情自足不朽”。王骥德则说：“可令前无作者，后鲜来哲，二百年来，一人而已。”

清初洪升的《长生殿》、孔尚任的《桃花扇》又将传奇的创作推向了高峰。此时的戏剧已经成为一种纯熟的艺术形式。著名诗人、戏曲家尤侗（1618—1704 年）认为：“诗变为词，词变为曲，北曲之又变为南也。”诗、词、曲递嬗演变，其功能都在于抒发情感，越来越接近民间。戏曲在抒情方面无疑更加灵活，也更加自由。尤侗说："古之人不得志于时，往往发为歌诗，以鸣其不平。故诗人之旨，怨而不怒，哀而不伤，抑扬含吐，言不尽意，则忧愁抑郁之思，终无自而伸焉。既又变为词曲，假托故事，翻弄新声，夺人酒杯，浇己块垒。于是嬉笑怒骂，纵横肆出，淋漓尽致而后已。"

随着商业的繁荣和艺术的高度商品化，明清时期戏班遍布全国各地。传奇在剧本、曲调及唱腔等各方面发展出不同的地方戏，当时主要有北方的梆子和南方的皮黄。京剧就是在清代地方戏高度繁荣的基础上产生的。

第四节　京剧：国粹的诞生

一、徽班进京

在清代中叶，戏曲演出形成了北京和扬州一北一南两个中心。北京是全国的政治、经济、文化中心，自然也是戏曲荟萃之地；扬州是江南的核心城市，位于长江和运河的交汇之处，商业发达，商人云集，生活奢侈，富商素有蓄养戏班的风气。他们的文化消费和对艺术的追捧，影响着书法、绘画、手工艺、园林以及戏剧等艺术的发展。那时候，地方戏大盛，除了昆曲，还有如梆子腔、秦腔、徽调、楚调等，逐步形成花部（也称乱弹，指民间戏曲）与雅部（指昆曲）争胜的局面。

乾隆皇帝从1751年起，曾先后六次下江南巡视，扬州富商投其所好，把组织戏曲演出作为迎驾活动的一个内容。据史籍记载，在迎驾时节，扬州戏曲演出极其兴盛。乾隆还命苏州织造、两淮盐务等官员选拔艺术精湛的伶人进宫，以备承应。当时以安徽籍（特别是安庆地区）艺人为主的徽班在江南一带名声大噪。他们以徽调为主，兼唱二黄、昆曲、梆子、啰啰等腔，开始多活动于皖、赣、江、浙诸省，尤其在扬州地区，更以“安庆色艺最优”（《扬州画舫录》）。徽州艺人带着乡音下扬州，得到了徽商们的大力扶持，例如来自安徽歙县的大盐商江春就是当时扬州戏剧艺术的重要赞助人，他酷爱戏曲，家中常常“曲剧三四部，同日分亭馆宴客，客至以数百计”。

清乾隆五十五年（1790年），乾隆皇帝为庆祝八十大寿，从扬州征调了以著名戏曲艺人高朗亭为台柱的“三庆”徽班入京，成为徽班进京的开始。《扬州画舫录》载：“高朗亭入京师，以安庆花部，合京秦二腔，名其班曰三庆。”三庆班的班主高朗亭是安徽安庆人，入京时才 30 岁，演旦角，擅长二黄腔，技艺精湛。《目下看花记》称他“体干丰厚，颜色老苍，一上氍毹，宛然巾帼，无分毫矫强。不必征歌，一颦一笑，一起一坐，描摹雌软神情，几乎化境”。此后又有四喜、启秀、霓翠、和春、春台等安徽班相继进京。在演出过程中，六班逐步合并成为著名的三庆、四喜、春台、和春四大徽班。

“四大徽班”揭开了 200 多年波澜壮阔的中国京剧史的序幕。他们在原来兼唱多种声腔戏的基础上，又合京、秦二腔，特别是吸收秦腔在剧目、声腔、表演各方面的精华，在剧目、表演等方面不断开拓，逐渐形成了“四徽班各擅胜场”的局面，分别是：三庆的轴（zhòu）子、四喜的曲子、和春的把子、春台的孩子。“轴子”是戏曲演出中对每一出戏的称呼，最后一出为主戏，称“大轴子”；倒数第二出，因紧压大轴子，称为“压轴子”；第五第六出，称“中轴子”；第二第三出，叫“小轴子”或“早轴子”；排在最先的开场小戏，称“开锣戏”或“帽儿戏”。“三庆的轴子”指三庆班擅长演有头有尾的整本大戏。“曲子”是指昆曲，“四喜的曲子”是指四喜班擅长演昆曲的剧目。《桃花扇》是昆曲的著名剧目，当时就有“新排一曲桃花扇，到处哄传四喜班”之语。“把子”是指武戏，“和春的把子”是指和春班的武戏火爆，最受欢迎。“孩子”指的是童伶，“春台的孩子”是指春台班的演员以青少年为主，生气勃勃。后来，在嘉庆、道光年间，汉调（又称楚调）艺人进京，参加徽班演出。徽班又兼习楚调之长。道光二十年至咸丰十年间（1840—1860 年），经徽戏、秦腔、汉调的合流，并借鉴吸收昆曲、京腔之长而形成了京剧。

在同治、光绪年间，“同光十三绝”的出现标志着京剧艺术的成熟与兴盛。

清光绪年间，画师沈容圃参照了清朝中叶画师贺世魁所绘《同光十三绝》戏曲人物画的形式，以彩色绘制同治、光绪时期的十三名昆曲、京剧著名演员的剧装画像。这十三人是徽班进京后由演唱徽调、昆腔衍变为京剧的十三位奠基人，是第一代京剧表演艺术家及不同流派的宗师。不久京剧向全国发展，特别是在上海、天

同光十三绝（局部）

津，京剧成为具有广泛影响的剧种，将中国的戏曲艺术推进到一个新的高度。画作传世以后，被称为“同光十三绝”。画中绘老生四人：程长庚饰《群英会》之鲁肃，卢胜奎饰《战北原》之诸葛亮，张胜奎饰《一捧雪》之莫成，杨月楼饰《四郎探母》之杨延辉；武生一人：谭鑫培饰《恶虎村》之黄天霸；小生一人：徐小香饰《群英会》之周瑜；旦角四人：梅巧玲饰《雁门关》之萧太后，时小福饰《桑园会》之罗敷，余紫云饰《彩楼配》之王宝钏，朱莲芬饰《玉簪记》之陈妙常；老旦一人：郝兰田饰《行路训子》之康氏；丑角二人：刘赶三饰《探亲家》之乡下妈妈，杨鸣玉饰《思志诚》之闵天亮。《同光十三绝》作为一幅工笔写生戏画像，原图高约三尺，长有丈余，所绘人物形态自然，各具表情，衣帽须眉，真实细腻。景孤血在《题十三绝图咏》中评价其“墨彩如生，吹气欲活”。此画为研究京剧早期的服饰、扮相和各行角色的艺术特征留下了极为珍贵的形象资料。

二、生旦净丑、唱念做打

“生旦净丑”是戏曲行当的名称，也就是戏曲角色的分类。它是戏曲人物艺术化、规范化的形象类型。在京剧中，除依据人物的自然属性（性别、年龄）和社会属性（身份、职业）外，主要是按人物的性格特征来分类，再在化妆、服装各方面加以若干艺术的夸张。早先分为十行，后来归并为“生旦净丑”四行。“生旦净丑”也作为成语使用，就是以戏曲里的四种扮相，借指各种人物。“生”指男子；“旦”指女子；“净”指性格刚烈或粗暴的男性；“丑”指滑稽人物，鼻梁上抹白粉，称小丑、小花脸等。每一行又细分若干类。

生行又分为：须生（老生）、红生、小生、武生、娃娃生等。

须生（老生）：即中年以上的剧中人，口戴胡子（髯口）。老生一般分为文武两种。从表演的侧重点来划分又可以分为：唱功老生（又称安工老生，如扮演帝王、官僚、文人等，《洪羊洞》和《辕门斩子》的杨延昭，《空城计》《雍凉关》《战北原》《脂粉计》《七星灯》等剧的诸葛亮等属此类）；做功老生（又叫衰派老生，如扮演穷困潦倒之人等，《三娘教子》的薛保、《坐楼杀惜》的宋江等属此类）；武老生（身披铠甲，手持兵器，擅长武功的老生角色，叫作靠把老生，例如《定军山》的黄忠，《八大锤》的岳飞，还有一种穿箭衣的武老生戏，例如《南阳关》的伍云召、《打登州》的秦琼）。

红生是勾红脸的须生，如关羽、赵匡胤等角色。多年来根据《三国演义》和民间传说所编演的关羽剧目甚为丰富，因此便把生行擅长演关羽戏的演员称为“红生”。

小生指扮演青少年男子，不戴胡子，扮相一般比较清秀、英俊。也分文武两类。一般分为翎子生（戴雉翎的大将、王侯等，这是武小生，如《小商河》的杨再兴、《磐河战》《借赵云》的赵云，《柴桑关》的周瑜等）；纱帽生（官生，戴纱帽，穿蟒袍，雍容端庄，儒雅稳重，如《玉堂春》的王金龙、《陈三两爬堂》的陈魁等）；扇子生（书生，拿扇子，戴文生巾，穿褶子，风流倜傥，如《拾玉镯》的傅朋、《西厢记》的张生、《人面桃花》的崔护等）；穷生（穷困潦倒的读书人，如《评雪辨踪》的吕蒙正、《金玉奴》的莫稽、《连升三级》的王明芳等）。

武生是扮演擅长武艺的青壮年男子，属戏中的武打角色，分长靠武生、短打武生两类。长靠武生在装扮上“扎”靠（铠甲），戴盔，穿厚底靴，扮演大将，一般使用长柄武器，如三国系列剧目中的赵云、马超，《挑滑车》的高宠，《甘宁百骑劫魏营》的甘宁等；短打武生穿薄底靴，常用短兵器，表演以动作轻捷矫健，跌扑翻打的勇猛炽烈见长，舞蹈身段要求漂、帅、脆，干净利索。

娃娃生是专门扮演儿童一类的角色，例如《三娘教子》的薛倚哥，《汾河湾》的薛丁山，《桑园寄子》的邓元、邓方，《锁麟囊》的卢天麟等。

旦行分青衣、花旦、武旦、刀马旦、老旦等角色。

青衣又称正旦，以穿青色褶子而得名，主要扮演庄重的青年、中年妇女，尤其以贤妻良母型的角色深入人心。主要表演特点是以唱功为主，动作幅度较小，行动比较稳重，念韵白，唱功繁重。《三击掌》中的王宝钏、《二进宫》中的李艳妃、《桑园会》中的罗敷女等都属此类。

花旦也叫花衫，大多扮演青年女性。身着短衣裳，如褂子、裤子、裙子、袄；有时穿长衣裳，也绣着色彩艳丽的花样。人物性格大都活泼开朗，动作敏捷伶俐。表演以做功、说白为主。以演皇后、公主、贵夫人、女将、小贩、村姑等角色为主。《棒打薄情郎》中的金玉奴、《乌龙院》中的阎惜娇等都属此类。以服装花艳为特色。

武旦、刀马旦是扮演以武功见长的女性。

武旦着重武打，特别是使用特技“打出手”（即抛、掷、踢、接武器的特技表演）；刀马旦武打不如武旦激烈，不用“打出手”。武旦穿短衣裳，重在武功，不重唱念；刀马旦较重唱、做和舞蹈。武旦如《打焦赞》中的杨排风、《武松打店》中的孙二娘；刀马旦如《战金山》中的梁红玉、《穆柯寨》中的穆桂英。

老旦指中老年妇女角色。演唱用本嗓，唱腔与老生接近，但具有女性婉转迂回的韵味。最著名的老旦角色是《杨门女将》中的佘太君，还有《岳母刺字》中的岳母、《钩金龟》中的康氏等。

净角指脸画彩图的花脸角色，又称“花脸”“花面”。主要扮演在性格，品质或相貌等方面具有突出特点的男性人物，以特定的脸谱来表示。一首叫《说唱脸谱》的歌中这样唱道：“蓝脸的窦尔敦盗御马，红脸的关公战长沙，黄脸的典韦，白脸的曹操，黑脸的张飞叫喳喳……”在京剧的脸谱中，红脸大多是表现忠诚正义的人物，以关公为代表；黑脸大多是表现正直、勇敢或鲁莽的人物，以包公为代表；白脸大多是表现奸险狡诈的人物，以曹操为代表；紫脸大多是表现沉勇果敢的人物，以徐延昭为代表；黄脸大多是表现性格残暴的人物，以典韦为代表；蓝脸大多是表现勇猛顽强的人物，以窦尔敦为代表。“净”又分为以唱功为主的大花脸，如包拯，为正净；以做功为主的二花脸，如曹操，为副净；以及以武打戏为主的武净等。

丑角最显著的特点就是化妆时在鼻梁上抹一小块白粉，故而以“丑”为名，与西方马戏中的小丑类似。丑行勾脸，俗称“小花脸”，又因和净行的大花脸、二花脸并列，又称“三花脸”。丑行分为文丑、武丑两种。

京剧中的各类诙谐人物均由文丑扮演。文丑分为方巾丑、袍带丑、茶衣丑、巾子丑、彩旦等。方巾丑主要扮演头戴方巾的文人，包括儒生、书吏、谋士、塾师等各种身份职业，如《群英会》中的蒋干、《乌龙院》中的张文远等。袍带丑扮演做官的人物，文官、武官、正面人物、反面人物都有，如《审头刺汤》中的汤勤、《棋盘山》中的程咬金、《昭君出塞》中的王龙等。茶衣丑扮演各种行业的下层劳动人民，因身穿短蓝布褂子（茶衣）而得名，如《秋江》中的艄公，《武松打虎》中的酒保、《小放牛》中的牧童等。巾子丑介于方巾丑和茶衣丑之间，表演风格比茶衣丑略微严谨一些，如《连升店》中的店主东、《女起解》中的崇公道等。彩旦，又称“丑婆子”，是由丑行扮演的妇女，如《拾玉镯》中的刘妈妈等。武丑俗称“开口跳”，扮演擅长武艺、性格机警、语言幽默的男性人物。武丑既注重翻跳武技，也讲究口齿清楚有力，如《三岔口》中的刘利华、《三盗九龙杯》中的杨香武、《雁翎甲》中的时迁等。

唱念做打是戏曲表演的四种艺术手段，同时也是戏曲表演的四项基本功。“中国戏曲是以唱、念、做、打的综合表演为中心的富有形式美的戏剧形式。”

唱指唱功，指唱腔技法，讲究“字正腔圆”；念指具有音乐性的念白，所谓“千斤话白四两唱”，是推动剧情发展的重要表演形式；做指做功，是身段和表情技法，举手投足，一颦一笑，都带有程式化的象征意味，满含着表演的艺术魅力；打指武打和翻跌的技艺，是在中国传统武术基础上形成的舞蹈化武术技巧组合。唱与念，做与打，构成了戏曲表演艺术的两大要素歌与舞，以此来塑造角色，讲述故事。中国戏曲是在文学（民间说唱）、音乐、舞蹈各种艺术成分都充分发展且又相互兼容的基础上，才形成了以对话、动作为表现特征的戏剧样式。

故事不断上演。它们终于成为艺术，不断呈现出中国的美。卢水石先生曾总结，我国的戏剧艺术，不论古代的优戏、歌舞戏、角抵戏、傀儡戏、参军戏，还是宋元杂剧、金代院本、元明南戏、明代过锦戏、清代京剧以及数以百计的地方戏，其形式都十分灵活多变，广场、厅堂、勾栏、街头、舞台，都可以演出。连台本多达百余折，可以演上十天；折子戏简洁明快，十几分钟就可以演完。有的戏剧外人可以走上舞台，与剧中人一起演出；有的戏可以增加“戏外戏”，名曰“滑稽穿插”。

戏剧是中国人生活中一种神奇的艺术，它就扎根于民间，从生活中来，却又能够雅俗共赏，皇帝巨商痴迷于此，文人雅士热衷于此，贩夫走卒、匹夫匹妇皆沉醉于此；神话传说、历史故事、奇闻轶事、悲欢离合……五光十色的人间生活都铺展于这小小的舞台；英雄美人、才子佳人、明君良相、奸邪佞臣……一个个人物粉墨登场；天道、孝道、忠义、良心、爱情……那些深刻的生活的哲理和警示不断上演。那些曼妙的身姿中，那些炉火纯青的架势中，那些咿咿呀呀的唱腔中，藏着人们对生活的想象，它会让那些沉重枯燥的日子因此而焕发生机，会让那些单调乏味的生命因此而绚丽多彩。

结语

文明的星光

如果说政治的、经济的历史构成了人类文明的白昼的光芒，艺术则如夜空的星光，传达着世界的诗意。那些星光来自地球之外，仿如我们辽远而神秘的心灵世界，有时候我们只能凭借想象到达；这星光中最迷人的是月之光辉，那是月球反射的太阳的光辉，但它本身又是如此独特的存在，带给我们一个神话般的世界。

人类自踏出蒙昧的第一步，就具备了精神性的一面，艺术创造是出自本能的第一次确证。从本能到自觉，从无目的到有目的，从偶然为之到自主探索，从技艺生成到经验积累，从无用到有用，在这个共生的、此消彼长的过程中，艺术发生了。中国的艺术自其源头，就在表现中国人的文化，并参与到文化的创造之中，因此，它既是文明之因，又是文明之果。我们会从艺术中看到中国人的信仰，看到中国人特有的天人观念，看到文化交融的印痕；艺术又在其自身的历史中深刻影响着中国人的心灵，人们从中发现了线条和符号，它引导着中国人对世界的抽象，引导着人们思考，思考有无、阴阳、动静，思考中庸与和谐，思考孤独和寂静，展现人心和性灵。

中国的艺术是美的。这种美不仅在于艺术所创造的独特的语言和形式，更在于其所展现的自然之美和文化之魅。

天地有大美而不言，却通过中国人的心灵得以映照。美就蕴藏在那些乐音之中，在低昂的钟鸣声中，在振奋的鼓点声中，在雅致的丝竹声中；美还蕴藏在那些曼妙的舞姿中，在回荡于天地间的吟唱中；美也蕴藏在那些笔墨之中，跃动在那些神奇的线条和不朽的汉字之间，徜徉在那些或简淡或浓烈的色彩中，我们会从那些山水画中看到辽阔而高远的世界，会看到四时，看到宇宙洪荒。在天地之间，在山中，在江上，永远都有人的踪迹，他如此微渺，但不可或缺。艺术家们在纸上创造一个世界，既有一种独特的上帝视角，又有一种微乎其微的存在意识。我们会从那些花鸟画中看到生命的灵动，看到万物之美。唯天下至诚，为能尽其性，通过艺术的创造，人能赞天地之化育，而与天地参。人在天地间秉持着内心的赤诚，这种美充满了来自生命的真诚和自然的友善。

中国的艺术是文化的一部分，亦参与到文化的创造之中。我们用艺术去表现自然和历史，其实是表现文化视域中的自然和历史。“观乎人文，以化成天下”（《易传》），我们会从《步辇图》中看到帝国的威仪，也会从《清明上河图》中看到市井百态，我们会看到严肃的历史、闲雅的快乐和庸常的生活。我们的礼乐、礼器、历史故事在绘画、雕塑等艺术中的表现，都在继承和发扬这种传统。当我们的先民拿着牛尾舞之蹈之的时候，他们歌唱的，是他们和天地和庄稼和万物的乐章，第一章叫“载民”，第二章叫“玄鸟”，第三章叫“遂草木”，第四章叫“奋五谷”，第五章叫“敬天常”，第六章叫“达帝功”，第七章叫“依地德”，第八章叫“总万物之极”。这是农业文明在艺术中最早的映照，也是天人合一的文化观念的艺术化。艺术不仅使我们的观念显形，而且为我们创造了缤纷多彩的艺术形象和文化符号。青铜器上的兽面纹和“龙生九子”等形象向我们展现着威严的“狞厉之美”，梅花、喜鹊、蝙蝠甚或各种抽象的吉祥纹样装点着我们的生活，它们在我们的亭台楼阁上，在门窗家具上，在碗盘瓶盆中，在衣服被褥上……通过建筑和工艺走进我们的生活，走入我们的生命。

中国的艺术又是心灵的。艺术是文化的表现——表现的是一个文明的共性；它又是观念的表达——表达的是生命的个性。艺术向我们展现了中国人的精神秘境。

我们深信“艺可通神”。上古黄帝在泰山之巅弹奏《清角》以召唤鬼神。黄帝之后，再没有人的德行能配得上这首曲子。伟大的音乐家师旷被迫弹奏《清角》，当一段玄妙的音符流出，有黑色的云从西北方升起；当第二段音符飘荡于殿堂间，便有狂风暴雨应声而至；当第三段骤起，暴风雨摧毁了廊屋上的瓦片，摧毁了宫殿的门窗，在殿堂的一片狼藉之中，鬼神从天地而来……这神异的琴声穿越时间，曾相继在伯牙的指尖、在司马相如的指尖、在蔡邕的指尖、在嵇康的指尖流淌……最为神妙的，是每当陶渊明酒醉，就抚琴而聆听这天地之音——但他的琴上并没有琴弦。人会在艺术中开辟一片天地，他们的心灵寄居于这桃花源中——这正是中国艺术的神奇之处。

所以，当我们去欣赏中国的艺术，总是从美开始——从形式之美到文化之美，而终于听到一个心灵在历史深处的吟唱，我们会与之唱和，我们也就参与到这艺术生命的成长之中。一个真正的欣赏者，往往是从艺术的美开始，而终于艺术中的心灵；一个真正的艺术家或者匠人，在艺术的创造中，则是从他的心灵开始，而终于美。

参考文献

[1][美]博厄斯.原始艺术[M].金辉，译.上海：上海文艺出版社，1989.

[2][美]郑麒来.中国古代的食人：人吃人行为透视[M].北京：中国社会科学出版社，1994.

[3][英]柯律格.中国艺术[M].刘颖，译.上海：上海人民出版社，2013.

[4][英]休·昂纳.中国风：遗失在西方800年的中国元素[M].刘爱英，秦红，译.北京：北京大学出版社，2017.

[5][德]格罗塞.艺术的起源[M].蔡慕晖，译.北京：商务印书馆，1984.

[6][德]黑格尔.美学[M].朱光潜，译.北京：商务印书馆，1997.

[7][荷]约翰·赫伊津哈．游戏的人[M]．多人，译．杭州：中国美术学院出版社，1996.

[8][加]莱斯．自然的控制[M]．岳长玲，李建华译，重庆：重庆出版社，1993.

[9]丰子恺．丰子恺全集[M]．北京：海豚出版社，2016.

[10]华东师范大学古籍整理研究室编．历代书法论文选[M]．上海：上海书画出版社，1979.

[11]黄现璠．唐代社会概略[M]．北平：商务印书馆，1936.

[12]李心峰．艺术类型学[M]．北京：生活·读书·新知三联书店，2013.

[13]梁思成．图像中国建筑史[M]．北京：生活·读书·新知三联书店，2011.

[14]刘锡诚．中国原始艺术[M].上海：上海文艺出版社，1998.

[15]门岿，王岫，王连升，孙香兰，等．二十六史精要辞典[M]．北京：人民日报出版社，1993.

[16]孙诒让．周礼正义[M]．北京：中华书局，1987.

[17]王伯敏．黄宾虹话语录[M]．上海：上海人民美术出版社，1961.

[18]文嘉．传统文化中的生命智慧[M]．北京：中国纺织

出版社，2015.

［19］熊廖，熊微．中国陶瓷古籍集成［M］．上海：上海文化出版社，2006.

［20］尹协理．中国神秘文化辞典［M］．石家庄：河北人民出版社，1994.

［21］张自慧．礼文化与致和之道［M］．上海：上海人民出版社，2012.

［22］周承君，罗瑞兰．中外建筑史［M］．武汉：武汉出版社，2012.

［23］周积寅．中国画论辑要［M］．南京：江苏美术出版社，1985.

［24］陈川．线条与书写——中国画的美学选择［J］．美术界，2020（5）．

［25］范瑞芳．再论中国绘画中的线［J］．艺术家，2019（11）．

［26］葛承雍．中国书法艺术的魅力与特色［J］．月读，2019（4）．

［27］黄薇，黄清华．元青花瓷器早期类型的新发现——从实证角度论元青花瓷器的起源［J］．文物，2012（11）．

［28］金国平，吴志良．流散于葡萄牙的中国明清瓷器［J］．故宫博物院院刊，2006（3）．

［29］李红，傅凡，李春青．一时三杰——计成、文震亨、张南垣时代关系研究［J］．风景园林，2012（6）．

［30］李毓芳，孙福喜，王自力，张建锋．阿房宫前殿遗址的考古勘探与发掘［J］．考古学报，2005（2）．

［31］李泽厚．略论书法［J］．中国书法，1986（1）．

［32］刘成纪．古今之争：春秋乐论的核心问题［J］．求是学刊，2012（6）．

［33］卢水石．世界上最早的戏剧——优孟衣冠［J］．吉林师范学院学报：哲学社会科学版，1984（3）．

［34］沈巍．关于青花瓷的三个谜团［J］．艺术品鉴，2019（7）．

［35］王文光、李丽双．从华夏族到汉族——论一个多源合流的历史过程［J］．西南边疆民族研究，2014（2）．

［36］夏军．裴文中与北京人头盖骨化石［J］．中国档案，2014（5）．

［37］张绍文．原始艺术的瑰宝——记仰韶文化彩陶上的《鹳鱼石斧图》［J］．中原文物，1981（1）．

［38］王健．中国画色彩表现手段研究［D］．石家庄：河北师范大学硕士论文，2011.

［39］朱虹．元代青花瓷器装饰纹样研究［D］．杭州：中国美术学院硕士论文，2017.